Barbara De Propis
Alessandro Micocci

CRIPTOVALUTE COME STRUMENTO PER IL FINANZIAMENTO DELLA CORRUZIONE E LE CONTROMISURE PER EVITARLO

Prefazione di Ranieri Razzante

UniversItalia

"Il posto migliore per nascondere qualsiasi cosa è in piena vista."

Edgar Allan Poe

Prefazione

Delle criptovalute sappiamo ancora poco, nonostante tutto.

Le definizioni migliori le ha fornite proprio la normativa antiriciclaggio, in sede internazionale, sia primaria che secondaria.

Molte istituzioni monetarie centrali, il Gafi, la nostra Banca d'Italia, la Ue, e tanti studiosi, hanno contribuito quantomeno a darci una certezza: non si tratta di "monete" né di "valute" (ancorché vengano impropriamente tradotte dall'inglese con il termine "valute virtuali").

Non sono assoggettate a vigilanza, per ora, né ad un vero e proprio procedimento di "emissione"; non hanno sistemi di quotazione né di clearing.

Per tali motivi sono "pericolose"? O, peggio, "fuorilegge"?

Una conclusione siffatta sarebbe in ogni caso eccessiva.

Intanto, perché le comunità di cittadini che le scambiano e accettano in pagamento sono sempre più numerose; gli Stati che le stanno adottando e normando si muovono in ordine sparso, e ancora, secondo chi scrive, non sono significativamente numerosi.

Ma il fenomeno è ineluttabile, e va rispettato. Questi asset (non c'è inquadramento migliore, ad oggi) hanno semmai, come sicuri, solo rischi di tipo finanziario e di trasparenza per i detentori e gli investitori in buona fede.

Il rischio di riciclaggio e finanziamento al terrorismo, però, non può certo essere sottaciuto, così come quello di essere utilizzate, le criptovalute ma, in generale, i criptoasset, per finanziare la corruzione.

Gli Autori di questo volume, con capacità sinottiche ed efficace efficacia descrittiva, si concentrano proprio su tale ultimo modello, significando che la corruzione internazionale, già di per sé una piaga, si può perpetrare anche attraverso questi tipi di "beni".

Per quanto riguarda il riciclaggio, una recente sentenza della nostra Corte di Cassazione, dopo altre in verità pure significative degli ultimi anni, stabilisce che "integra autoriciclaggio già la preliminare operazione di cambio valuta cui l'indagato aveva dato corso servendosi di società estere, a nulla rilevando la verificazione di quale sia stato l'utilizzo successivo dei bitcoin ottenuti da tali operazioni".

In questo caso, l'indagato contestava che le transazioni effettuate tramite bitcoin – ancora le cripto più famose e le prime, per quantità scambiate, al mondo - erano da ritenersi anonime, in ragione del fatto che tutte le movimentazioni effettuate in criptovalute e registrate sul c.d. distributed ledger risultavano di pubblico dominio.

La Corte chiariva invece, tra l'altro, come i bitcoin non venissero direttamente acquistati dall'indagato, bensì venivano trasferite somme di denaro, mediante bonifici, a società estere incaricate, poi, di trasformare la valuta da euro in bitcoin. Quindi si dimostrava come lo stesso imputato agiva non in proprio bensì per mezzo di tali società estere, e che le transazioni avvenivano mediante intestatari fittizi di carte, da cui venivano effettuati bonifici alle società di cui sopra.

In questo caso, che si cita come paradigmatico di quanto si intende dimostrare in questa Prefazione come nel Volume, si fa stato dell'anonimato possibile (e per quanto si possa dire in contrario) delle transazioni operate mediante bitcoin, fortemente attrattive anche a fronte dell'assenza di un sistema di controllo adeguato. Ciò assicura la limitata tracciabilità di tali operazioni, la quale comporta di sostituire e trasferire profitti illeciti con ragionevole probabilità di passare indenni a prime indagini.

Da più parti si sostiene, a contrariis, l'esistenza di un valido strumento di tracciabilità delle operazioni effettuate, rappresentato dalla blockchain; di contro, è da rilevare come, comunque e spesso, esse siano di difficile riconduzione ad un determinato soggetto, sia esso persona fisica o giuridica. Ed è per questo che il rischio di compatibilità tra tale tipo di attività ed i reati di riciclaggio e corruzione si fa sempre più concreto.

Urgono pertanto interventi normativi adeguati, che tardano ad arrivare. Mentre gli studi, come quello che qui si propone, per fortuna riempiono il vuoto che i Legislatori nazionali stanno lasciando sempre più inspiegabilmente.

Ranieri Razzante
Docente di Tecniche di gestione del rischio di riciclaggio
nell'Università di Bologna

Indice

Introduzione

(a cura di Alessandro Micocci)

Negli ultimi anni, le criptovalute sono passate dall'essere un fenomeno di nicchia per i pochi esperti di informatica, all'essere un metodo di pagamento utilizzato anche nella quotidianità da molte persone. Tra i fattori che hanno inciso maggiormente ritroviamo la facilità con cui possono essere acquistate su internet, l'essere lontane dal controllo centralizzato del sistema finanziario tradizionale e, soprattutto, sono sempre più accettate per le transizioni anche di piccolo importo. Non necessitano infatti di un intermediario finanziario per la loro gestione, non sono legate all'andamento dell'economia reale non avendo, appunto, un mercato di riferimento ed un sistema di Banche Centrali (BCE, Fed, ecc.) che possano operare su di loro attraverso una politica monetaria.

Tutti questi fattori hanno permesso che da fenomeno di nicchia, le criptovalute passassero velocemente ad essere un fenomeno di massa, con la comparsa di macchine ATM dedicate posizionate nei luoghi di maggiore afflusso quali stazioni e aeroporti. Una presenza, quella di questi novelli bancomat, dovuta all'aumentare dei commercianti, anche al dettaglio, che accettano il pagamento in valuta digitale. La semplicità d'uso, legata ad un semplice *wallet* nel telefono, permette una riduzione dei costi e dei tempi delle transazioni, portandole ad essere convenienti anche per piccole transazioni.

Rispetto a pochi anni fa, pertanto, parlare di criptovalute non è più sinonimo di un mondo sconosciuto e misterioso, bensì un mercato vivo, conosciuto e, spesso, considerato di pari livello rispetto alla finanza tradizionale, tanto da essere gestito come un asset finanziario meritevole di investimenti.

Quello che stupisce è la velocità con cui è avvenuta questa trasformazione. Le prime teorie su un sistema di denaro digitale basato sul funzionamento di crittografia a chiave pubblica nascono nella metà degli anni '80 del secolo scorso dalla mente di David Chaum e solo una serie di esperimenti fallimentari successivi hanno portato a quelle che attualmente conosciamo come criptovalute. In pochi oggi, probabilmente, non conoscono il termine *Bitcoin*, tanto per citare una delle più famose di queste valute. Potremmo considerare il sistema ideato da Satoshi Nakamoto, presentato nel 2009 nel suo testo "Bictoin White Paper", la prima criptovaluta per come la conosciamo noi.

Oggigiorno, quando parliamo di criptovalute, facciamo riferimento ad un valore digitale che si basa sia su un sistema peer–to-peer, sia sulla c.d. blockchain, cioè su una catena necessaria per ricordare le singole transizioni. Infine, su un sistema di crittografia che permette di rendere sicuro il tutto.

L'utilizzo delle criptovalute senza una regolamentazione specifica può *generare rischi di vario genere. Il rapido sviluppo di tali tecnologie, come detto, può infatti incidere sulla stabilità del sistema finanziario anche in virtù della connessione e interdipendenza tra i soggetti coinvolti, che operano in un contesto privo di un sistema organico di regole e controlli. In particolare, l'interazione sempre più stretta tra i soggetti coinvolti rende più complesso il presidio dei rischi*[1].

Un sistema talmente sicuro ed anonimo che non poteva non rendersi interessante per chi considera il "non controllo" il fattore più importante per i propri affari: la criminalità. Se è vero che le criptovalute hanno contribuito a rivoluzionare la finanza, è altresì vero che le normative attuali sono state concepite per intercettare quelle forme di reato che potevano essere tracciate. Da qualche anno, invece, la criminalità ha avuto modo di accedere ad un nuovo canale per alimentare i propri traffici, sfruttando sia uno dei fattori chiave della valuta digitale, sia una normativa rimasta un passo indietro rispetto ai progressi tecnologici.

Per questi motivi, *le criptoattività sono all'attenzione di numerose autorità internazionali, governi, banche centrali e autorità di vigilanza, interessati a comprendere se, e in che modo, regolamentarle, tenendo conto in particolare della varietà di casistiche esistenti con riferimento, sia alla possibile funzione economica, sia ai diversi profili di rischio*[2].

L'obiettivo che ci si è posti in questa opera è quello di accendere un faro sulla relazione tra le criptovalute e la corruzione, cercando di suggerire contromisure idonee che possano essere adottate per mitigarne il rischio e sensibilizzando il lettore sul tema.

---

[1] Comunicazione della Banca d'Italia in materia di tecnologie decentralizzate nella finanza e cripto-attività, Banca D'Italia, giugno 2022.

[2] Comunicazione della Banca d'Italia in materia di tecnologie decentralizzate nella finanza e cripto-attività, Banca D'Italia, giugno 2022.

Capitolo 1
CRIPTOVALUTE E CORRUZIONE:
UN BINOMIO PERICOLOSO
(a cura di Barbara De Propis)

1.1. Caratteristiche delle Criptovalute

Le criptovalute sono valute digitali che utilizzano la crittografia per garantire la sicurezza delle transazioni e la creazione di nuove unità monetarie. Tra le criptovalute più conosciute e utilizzate troviamo il Bitcoin, l'Ethereum e il Litecoin. L'aspetto distintivo delle criptovalute è la loro decentralizzazione, cioè la mancanza di una autorità centrale che le gestisca e le controlli. Le criptovalute sono basate su una tecnologia chiamata blockchain, che registra tutte le transazioni in modo immutabile e trasparente[3].

Le criptovalute hanno suscitato un grande interesse negli ultimi anni, grazie alle loro caratteristiche innovative e potenzialmente rivoluzionarie. Tuttavia, le criptovalute sono anche state oggetto di critiche e preoccupazioni, soprattutto per quanto riguarda la loro sicurezza, la loro stabilità e il loro impatto ambientale[4].

Le criptovalute sono emerse come una forma di valuta digitale decentralizzata e sicura, offrendo numerosi vantaggi nel mondo finanziario. Tuttavia, dietro a questa innovazione si cela un lato oscuro: la connessione tra criptovalute e corruzione. Questa sezione offre una panoramica approfondita su come le criptovalute siano diventate un mezzo attraente per i soggetti corrotti, mettendo in luce gli elementi che ne favoriscono l'utilizzo illecito.

Le criptovalute sono diventate una preoccupazione sempre più rilevante nel contesto del riciclaggio di denaro sporco. Grazie alle loro

---

[3] Nakamoto, S. (2008). Bitcoin: A Peer-to-Peer Electronic Cash System. Disponibile su: https://bitcoin.org/bitcoin.pdf

[4] Antonopoulos, A. M. (2014). Mastering Bitcoin: Unlocking Digital Cryptocurrencies. O'Reilly Media.

caratteristiche di anonimato e alla facilità con cui le transazioni possono essere effettuate, le criptovalute offrono un mezzo ideale per nascondere e riciclare proventi di attività criminali. La criminalità può sfruttare la natura decentralizzata delle criptovalute per eludere i controlli finanziari tradizionali e trasferire denaro in modo anonimo attraverso confini nazionali.

Le transazioni in criptovalute sono tracciate attraverso blockchain, ma l'anonimato è garantito dalle chiavi crittografiche e dagli indirizzi digitali utilizzati. Questo rende difficile per le autorità di regolamentazione individuare gli individui coinvolti nelle transazioni illecite. Inoltre, i servizi di mixaggio e l'utilizzo di piattaforme di scambio offshore possono ulteriormente oscurare le tracce delle transazioni criptovalute, rendendo ardua la rintracciabilità dei fondi illeciti.

1.2. Tipologie di corruzione finanziata con criptovalute

La corruzione rappresenta uno dei fenomeni più insidiosi e dannosi per lo sviluppo economico, sociale e democratico di un paese[5]. Il fenomeno si manifesta in diversi modi e forme, ma in genere si può definire corruzione l'abuso di potere da parte di un soggetto pubblico o privato, che viola i principi di imparzialità, trasparenza e legalità, per ottenere un vantaggio personale o per favorire interessi di gruppo. La corruzione può manifestarsi in molti settori, come la politica, la pubblica amministrazione, il mondo degli affari, il sistema giudiziario, e altri campi[6].

Esistono diverse forme di corruzione, tra cui la corruzione pubblica e privata, la corruzione politica e quella economica. La corruzione può

---

[5] Androulaki, E., Barger, A., Bortnikov, V., Cachin, C., Christidis, K., De Caro, A.,... & Maniatis, P. (2018). Hyperledger fabric: a distributed operating system for permissioned blockchains. In Proceedings of the Thirteenth EuroSys Conference (pp. 30:1-30:15). ACM.

[6] Stiglitz, J. E. (2018). "Why cryptocurrencies are not going to fulfill their libertarian promise". Project Syndicate. Disponibile su: https://www.project-syndicate.org/commentary/cryptocurrencies-bitcoin-blockchain-need-regulation-by-joseph-e-stiglitz-2018-03

avere conseguenze molto gravi, come l'aumento delle disuguaglianze, la distorsione della concorrenza e l'indebolimento della democrazia.

Nel contesto della corruzione, le criptovalute possono essere utilizzate come strumento per il finanziamento illecito. Ad esempio, i soggetti corrotti possono ricevere pagamenti in criptovalute in modo anonimo e difficilmente tracciabile. Le criptovalute possono anche essere utilizzate per evadere le tasse o per nascondere il riciclaggio di denaro sporco e ancora per pagare il riscatto di attacchi informatici o per finanziare attività criminali, come il traffico di droga o la tratta di esseri umani[7].

1.3. Impatto delle criptovalute sul fenomeno della corruzione

L'anonimato offerto dalle transazioni crittografiche e la possibilità di effettuare trasferimenti di fondi in modo trasversale ai confini nazionali rappresentano un vantaggio per i soggetti corrotti[8]. Questo rende difficile per le autorità finanziarie rintracciare e bloccare il flusso di fondi illeciti. Casi noti di riciclaggio di denaro attraverso criptovalute vengono citati come esempi che dimostrano l'urgenza di affrontare questa problematica.

Le criptovalute sono state utilizzate come strumento per il pagamento di tangenti e per atti di corruzione politica[9]. Grazie alla facilità di trasferimento di fondi e all'anonimato garantito dalle criptovalute, i soggetti corrotti possono eludere i controlli tradizionali e corrompere funzionari pubblici, politici e altre figure di potere.

Il ruolo delle criptovalute nelle frodi finanziarie su larga scala[8] - Le

---

[7] Kaufmann, D., & Vicente, P. C. (2011). Legal corruption. Economics & Politics, 23(2), 195-219.

[8] Lambsdorff, J. G., & Schulze, G. G. (2012). Corruption and the shadow economy: An empirical analysis. Public Choice, 152(3-4), 471-493.

[9] Graycar, A., & Prenzler, T. (Eds.). (2014). Understanding and preventing corruption. Macmillan International Higher Education.

[8] United Nations Office on Drugs and Crime (UNODC). (2017). Cryptocurrencies and Money Laundering. Disponibile su: https://www.unodc.org/documents/cybercrime/Publications/2018/Cryptocurrencies_and_Money_Laundering.pdf

criptovalute hanno aperto nuove possibilità per le frodi finanziarie su larga scala. Gli schemi Ponzi, le truffe di investimento e altre forme di frode si sono adattate al contesto delle criptovalute, sfruttando la loro attrattiva e complessità tecnica. È essenziale evidenziare casi noti di frodi finanziarie che si avvalevano di criptovalute per sottolineare l'importanza di una maggiore consapevolezza da parte degli investitori e di misure di protezione più solide.

In primo luogo, è necessario promuovere una maggiore trasparenza nel settore delle criptovalute[9]. Le piattaforme di scambio e i servizi di wallet devono essere soggetti a rigorose norme di conformità e regolamentazione, al fine di prevenire l'utilizzo illecito delle criptovalute. È fondamentale che vengano adottate misure di identificazione degli utenti, come la verifica dell'identità e delle fonti di finanziamento, per ridurre l'anonimato e aumentare la tracciabilità delle transazioni.

In secondo luogo, le autorità finanziarie e i governi devono collaborare per sviluppare norme e regolamentazioni specifiche per le criptovalute[10]. Queste misure dovrebbero affrontare in modo mirato i rischi di corruzione, riciclaggio di denaro e altre attività illecite legate alle criptovalute. Un approccio armonizzato a livello internazionale sarà fondamentale per evitare scappatoie e garantire l'efficacia delle misure adottate.

Inoltre, la cooperazione internazionale è essenziale per contrastare efficacemente la corruzione legata alle criptovalute[11]. Gli organismi internazionali, come l'OCSE e le organizzazioni di intelligence finanziaria, devono lavorare insieme per condividere informazioni, sviluppare strumenti di analisi e promuovere la cooperazione tra le giurisdizioni. Solo attraverso un impegno congiunto e una condivisione di conoscenze sarà possibile contrastare la corruzione su scala internazionale.

---

[9] Russo, F., & Cavenago, D. (2021). Cyiptocurrency and Anti-Money Laundering Regulations: A Comparative Analysis. In International Anti-Corruption Law and Practice (pp. 61-82). Springer.

[10] Lormand, E., & Ritter, J. (2019). Cryptocurrencies and Criminal Abuse: Is Regulating Bitcoin's Underworld a Lost Cause?. In Cryptoassets and Blockchain Technology (pp. 111-130). Springer.

[11] Chiu, M., Koeppl, T., & Shcherbakov, O. (2019). Cyipto-anchors: Verifying blockchain data via cryptographic methods. Journal of Monetary Economics, 108, 79-90.

Infine, l'educazione e la consapevolezza del pubblico sono fondamentali per prevenire l'abuso delle criptovalute[12]. Gli investitori e gli utenti di criptovalute devono essere adeguatamente informati sui rischi associati e sui meccanismi di protezione disponibili. Campagne di sensibilizzazione, programmi di formazione e linee guida chiare possono contribuire a garantire che le persone prendano decisioni consapevoli delle possibili implicazioni dietro l'utilizzo delle criptovalute.

La minaccia alla fiducia delle istituzioni

La corruzione finanziata dalle criptovalute rappresenta una grave minaccia alla fiducia delle istituzioni. Quando i fondi illeciti vengono trasferiti attraverso criptovalute anonime e non tracciabili, si erode la fiducia nella trasparenza e nell'integrità del sistema finanziario. I cittadini e gli investitori perdono la fiducia nelle istituzioni che sono responsabili della regolamentazione e della supervisione delle criptovalute, compromettendo la stabilità dei mercati finanziari.

L'incidenza sull'integrità del sistema finanziario

L'utilizzo delle criptovalute per scopi illeciti, come il riciclaggio di denaro e l'evasione fiscale, mina l'integrità del sistema finanziario. Le transazioni anonime e non tracciabili consentono ai corrotti di nascondere le proprie attività illecite, facilitando il riciclaggio di denaro sporco e la fuga di capitali. Ciò porta a un indebolimento delle misure di prevenzione del riciclaggio di denaro e mette a rischio l'integrità del sistema finanziario globale.

L'impatto sull'economia e sullo sviluppo

La corruzione finanziata dalle criptovalute ha anche un impatto significativo sull'economia e sullo sviluppo di un paese. I capitali illeciti che vengono canalizzati attraverso le criptovalute sfuggono alle imposte e alle regolamentazioni, privando gli stati di risorse finanziarie

---

[12] Financial Action Task Force (FATF). (2021). Virtual Assets Red Flag Indicators of Money Laundering and Terrorist Financing. Disponibile su: https://www.fatf-gafi.org/media/fatf/documents/recommendations/High-Risk-Virtual-Assets-Red-Flag-Indicators.pdf

fondamentali per investimenti in settori chiave come l'istruzione, la sanità e le infrastrutture. Ciò rallenta lo sviluppo economico e limita le opportunità di crescita per la popolazione.

Nel corso degli ultimi anni, il rapporto tra criptovalute e corruzione è diventato un tema sempre più rilevante. Alcuni studiosi sostengono che le criptovalute possono rappresentare un mezzo ideale per finanziare attività illecite, in particolare la corruzione.

Capitolo 2
QUADRO NORMATIVO INTERNAZIONALE, EUROPEO E ITALIANO IN MATERIA DI PREVENZIONE E CONTRASTO DELLA CORRUZIONE
(a cura di Barbara De Propis)

Apriamo con una panoramica del quadro normativo internazionale e delle convenzioni adottate dalle organizzazioni internazionali, come l'Organizzazione per la Cooperazione e lo Sviluppo Economico (OCSE) e le Nazioni Unite (UN), per combattere la corruzione.

Successivamente, il focus si sposta sul quadro normativo europeo, in particolare sulla Convenzione delle Nazioni Unite contro la Corruzione, sulla Convenzione dell'OCSE sulla lotta alla Corruzione di Funzionari Pubblici Stranieri nelle Transazioni Commerciali Internazionali e sulla Direttiva dell'Unione Europea sul congelamento e la confisca dei proventi di reato.

Infine, ci concentreremo sul quadro normativo italiano, in particolare sulla legge sulla prevenzione della corruzione e sulla trasparenza, sul decreto legislativo che implementa la direttiva dell'UE sul congelamento e la confisca dei proventi di reato e sulle misure di prevenzione e contrasto adottate dall'Autorità Nazionale Anticorruzione (ANAC).

La corruzione è un fenomeno che ha effetti devastanti sulla società e sull'economia di un paese. Per questo motivo, molti organismi internazionali hanno elaborato normative volte a prevenire e contrastare la corruzione in tutte le sue forme, inclusa quella che coinvolge le criptovalute.

La corruzione rappresenta una minaccia per la stabilità delle istituzioni democratiche, per la fiducia dei cittadini nei confronti delle istituzioni pubbliche e per l'efficienza dell'economia. A livello internazionale, esistono numerose convenzioni, accordi e strumenti giuridici per prevenire e contrastare la corruzione, che riflettono l'importanza data a questo fenomeno dal punto di vista della governance globale.

In primo luogo, a livello internazionale, il principale strumento giuridico per la prevenzione e il contrasto della corruzione è la Convenzione delle Nazioni Unite contro la corruzione (UNCAC), adottata nel 2003 e ratificata da 189Paesi. La Convenzione prevede una serie di misure per prevenire e contrastare la corruzione, tra cui la criminalizzazione della corruzione, la promozione della trasparenza e dell'accesso all'informazione pubblica, la cooperazione internazionale e la confisca dei beni illeciti. Inoltre, la Convenzione prevede l'adozione di misure specifiche per prevenire il finanziamento della corruzione, come la promozione di standard internazionali di trasparenza finanziaria e la cooperazione tra le autorità competenti per identificare e contrastare i flussi finanziari illeciti.

Anche a livello europeo, esistono strumenti giuridici per prevenire e contrastare la corruzione, come la Convenzione penale sulla corruzione (CPPE), adottata dal Consiglio d'Europa nel 1999 e ratificata da 43 Paesi. La CPPE prevede la criminalizzazione della corruzione, la promozione della trasparenza e dell'accesso all'informazione pubblica e la cooperazione tra le autorità competenti. Inoltre, l'Unione europea ha adottato numerose direttive e regolamenti per prevenire il riciclaggio di denaro e il finanziamento del terrorismo, che rappresentano anche strumenti importanti per contrastare il finanziamento della corruzione attraverso le criptovalute.

A livello italiano, la lotta alla corruzione è stata rafforzata negli ultimi anni attraverso l'adozione di numerose leggi e regolamenti. In particolare, la legge n. 190 del 2012, nota come "legge Severino", ha introdotto importanti innovazioni nel sistema giuridico italiano per prevenire e contrastare la corruzione. Tra queste, la legge prevede la creazione di un registro dei soggetti che hanno subito condanne per reati di corruzione.

A livello internazionale, uno dei principali strumenti in materia di prevenzione e contrasto della corruzione è la Convenzione delle Nazioni Unite contro la corruzione (UNCAC) del 2003, ratificata da 189 Paesi. L'UNCAC stabilisce un quadro giuridico per la prevenzione, la repressione e la cooperazione internazionale in materia di corruzione, che include anche il riciclaggio di denaro proveniente da attività illecite, inclusi i reati commessi con l'uso delle criptovalute.

A livello europeo, la principale normativa in materia di prevenzione e contrasto della corruzione è la Convenzione penale sulla corruzione del Consiglio d'Europa del 1999, ratificata da 42 Paesi. Inoltre, nel 2019 è stata adottata la Direttiva UE 2019/1937 sulla protezione delle persone che segnalano violazioni del diritto dell'Unione. Questa normativa prevede la protezione dei whistleblower e la promozione della trasparenza nell'ambito delle attività economiche, finanziarie e commerciali, comprese quelle che coinvolgono le criptovalute.

In Italia, la normativa principale in materia di prevenzione e contrasto della corruzione è la Legge 6 novembre 2012, n. 190, recante "Disposizioni per la prevenzione e la repressione della corruzione e dell'illegalità nella pubblica amministrazione". Questa legge ha introdotto importanti misure volte a prevenire e contrastare la corruzione, tra cui la creazione dell'ANAC (Autorità Nazionale Anticorruzione) e la previsione di sanzioni penali per i reati di corruzione commessi anche con l'uso delle criptovalute.

Inoltre, la Banca d'Italia ha adottato misure per prevenire e contrastare il riciclaggio di denaro attraverso l'uso delle criptovalute, tra cui l'obbligo per gli intermediari finanziari di identificare i clienti e di segnalare le operazioni sospette all'Unità di Informazione Finanziaria (UIF).

In particolare, a livello europeo, la normativa di riferimento è la Convenzione penale sulla corruzione (CPC) del Consiglio d'Europa del 1999, che prevede l'obbligo per gli Stati membri di punire la corruzione pubblica e privata, nonché la tentata corruzione e il riciclaggio di denaro proveniente dalla corruzione. La Convenzione è stata poi integrata dalla Direttiva UE 2017/1371, che ha introdotto il reato di corruzione tra privati e ha stabilito norme più severe per la responsabilità delle imprese in caso di corruzione. In Italia, il quadro normativo è costituito principalmente dalla Legge n. 190/2012, nota come Legge Severino, che ha introdotto il reato di corruzione tra privati e ha aumentato le pene per i reati di corruzione, e dal Decreto Legislativo n. 231/2001, che ha istituito la responsabilità amministrativa delle imprese e degli enti per i reati commessi dai propri dipendenti o collaboratori a loro vantaggio o per loro conto.

La corruzione è un problema globale che mina la credibilità delle istituzioni e delle autorità pubbliche. Per questo motivo, negli ultimi anni, sono stati adottati numerosi strumenti normativi a livello internazionale, europeo e nazionale per prevenire e contrastare la corruzione, compreso il finanziamento della corruzione attraverso le criptovalute.

Il primo strumento normativo internazionale in materia di prevenzione e contrasto della corruzione è stata la Convenzione delle Nazioni Unite contro la corruzione, adottata nel 2003. La Convenzione impone agli Stati parti l'adozione di misure preventive e repressive contro la corruzione, nonché la cooperazione internazionale per il recupero dei proventi illeciti. Inoltre, la Convenzione richiede la promozione della trasparenza e dell'accesso alle informazioni pubbliche, la partecipazione della società civile e il coinvolgimento del settore privato nella prevenzione e nel contrasto della corruzione.

A livello europeo, l'Unione europea ha adottato la Direttiva 2019/1937, nota come "Direttiva Whistleblowing", che impone agli Stati membri l'adozione di misure per la protezione dei segnalatori di illeciti e la promozione della trasparenza e dell'accesso alle informazioni pubbliche. Inoltre, l'Unione europea ha creato la Piattaforma europea per la lotta contro la corruzione, che favorisce lo scambio di informazioni e la cooperazione tra le autorità nazionali competenti.

In Italia, la principale legge in materia di prevenzione e contrasto della corruzione è la Legge n. 190/2012, nota come "Legge Severino". La Legge Severino ha introdotto numerose misure preventive e repressive contro la corruzione, tra cui l'obbligo per i pubblici dipendenti di dichiarare il proprio patrimonio, la creazione dell'ANAC (Autorità Nazionale Anticorruzione) e la modifica del codice penale per l'introduzione di nuovi reati di corruzione.

Tuttavia, le criptovalute rappresentano una sfida per le autorità pubbliche in quanto possono essere utilizzate per il finanziamento della corruzione in modo anonimo e decentralizzato. Per questo motivo, le autorità italiane ed internazionali hanno adottato diverse contromisure per prevenire e contrastare il finanziamento della corruzione attraverso le criptovalute.

Casi di studio hanno dimostrato l'efficacia di alcune misure volte a prevenire e contrastare la corruzione e il riciclaggio di denaro attraverso l'uso delle criptovalute. Ad esempio, l'adozione di blockchain per garantire la trasparenza e l'immutabilità delle transazioni finanziarie potrebbe rappresentare un'importante soluzione per aumentare la fiducia nell'ambito delle transazioni digitali, riducendo al contempo i rischi associati alla corruzione e al riciclaggio di denaro.

In particolare, a livello internazionale, il principale strumento normativo in materia di contrasto al riciclaggio di denaro è la Convenzione di Palermo del 2000 delle Nazioni Unite. In Europa, la principale normativa in materia è rappresentata dalla Direttiva 2015/849/UE (nota anche come quarta direttiva antiriciclaggio), mentre in Italia la principale normativa in materia è rappresentata dalla Legge 231/2007 sulla responsabilità amministrativa delle persone giuridiche.

Le autorità italiane ed internazionali hanno implementato una serie di misure per garantire la conformità a questi strumenti normativi. A livello internazionale, l'Organizzazione per la Cooperazione e lo Sviluppo Economico (OCSE) ha sviluppato una serie di standard per la trasparenza e l'efficacia dei controlli antiriciclaggio (AML) e per la prevenzione della corruzione. Inoltre, sono state create diverse autorità internazionali che hanno il compito di monitorare e contrastare il finanziamento della corruzione, tra cui l'Unità di Intelligence Finanziaria (UIF) e il Gruppo d'azione finanziaria internazionale (GAFI).

A livello europeo, l'Autorità bancaria europea (EBA) ha pubblicato diverse linee guida per aiutare le banche nell'implementazione delle misure AML e per la prevenzione della corruzione. Inoltre, l'Unione europea ha istituito un'agenzia per la cooperazione e il coordinamento delle autorità nazionali responsabili dell'applicazione della legge (Europol) che ha il compito di coordinare gli sforzi degli Stati membri nella lotta contro la criminalità transfrontaliera.

In Italia, le autorità preposte al contrasto del riciclaggio di denaro e della corruzione sono principalmente la Banca d'Italia, l'UIF e l'Autorità nazionale anticorruzione (ANAC). La Banca d'Italia ha il compito di controllare l'attività delle banche e di garantire la corretta applicazione delle norme antiriciclaggio, mentre l'UIF è l'autorità nazionale responsabile della raccolta, dell'analisi e della divulgazione di informazioni sul riciclaggio di denaro e sul finanziamento del terrorismo. L'ANAC, invece, ha il compito di prevenire e contrastare la corruzione nel nostro paese.

2.1. Quadro normativo internazionale, europeo ed italiano

Il primo passo per contrastare il finanziamento della corruzione attraverso le criptovalute è la definizione di un quadro normativo chiaro e preciso. Ecco gli strumenti che si sono messi in atto:

a) Roadmap internazionale ed europea sulle criptovalute:
1. La Convenzione di Palermo delle Nazioni Unite del 2000 è il principale strumento normativo internazionale per contrastare il riciclaggio di denaro, che include anche disposizioni relative alle criptovalute. L'Organizzazione per la Cooperazione e lo Sviluppo Economico (OCSE) ha sviluppato standard per la trasparenza e l'efficacia dei controlli antiriciclaggio e per la prevenzione della corruzione;
2. GAFI: Il Gruppo d'azione finanziaria internazionale (GAFI) è un'organizzazione internazionale che si occupa di sviluppare e promuovere politiche per combattere il riciclaggio di denaro e il finanziamento del terrorismo. Ha emesso le "Linee guida GAFI sulle cripto-attività" nel 2019, che forniscono indicazioni agli Stati membri sulle misure da adottare per regolamentare le criptovalute;
3. UE: A livello europeo, l'Unione europea ha adottato la Direttiva 2015/849/UE (quarta direttiva antiriciclaggio) che impone regole per prevenire l'uso del sistema finanziario a scopo di riciclaggio di denaro e di finanziamento del terrorismo, comprese le attività legate alle criptovalute.
4. Direttiva MiCA: È stato pubblicato sulla Gazzetta dell'Unione Europea del 9 giugno il MiCAR (Markets-in-Crypto-Assets Regulation) il Regolamento (Ue) 2023/1114 del Parlamento Europeo e del Consiglio del 31 maggio 2023 relativo ai mercati delle cripto-attività e che modifica i regolamenti 1093/2010 e 1095/2010 e le direttive 2013/36/UE e 2019/1937.
Nella nuova normativa Ue sono previsti degli specifici requisiti per la tutela dei possessori di criptoattività nell'emissione, nell'offerta al pubblico e nell'ammissione alla negoziazione di criptoattività.
L'entrata in vigore è prevista dal 30 dicembre 2024, ma i titoli III, i token collegati ad attività, e IV, quindi i token di moneta elettronica, saranno validi dal 30 giugno 2024.
Il regolamento è vincolante per i Paesi membri e riguarda diverse

attività come i token collegati ad attività, quelli di moneta elettronica e i requisiti per chi fornisce servizi dedicati alle le criptoattività.

La normativa definisce gli obblighi di trasparenza e informativa per l'emissione, l'offerta al pubblico, la negoziazione e l'ammissione di criptovalute.

Inoltre vengono specificate le modalità di vigilanza dell'emissione dei servizi legati alle attività in questione. È previsto uno spazio regolamentato in grado di evitare atti illeciti sui mercati delle cripto. Un esempio potrebbe essere la manipolazione del sistema economico inserendo i fornitori di servizi di cripto asset all'interno delle norme antiriciclaggio.

I fornitori di servizi cripto, chiamati anche Casps, o Cripto Asset Service Provider, e i wallet provider, i rifornitori di portafogli, dovranno avere sede all'interno dell'Unione Europea con i rispettivi processi di vigilanza europea e nazionale. I Casps avranno l'obbligo di registrazione all'Esma, un registro centrale e dovranno richiedere l'autorizzazione per fornire i servizi a tutti gli Stati membri europei, rispettando sempre la normativa. I token potranno essere gestiti solo dalle banche oppure dagli istituti di moneta elettronica o Imel con autorizzazione e passaporto dell'Unione europea. La prevenzione dagli abusi:

Il MiCAR include anche delle regole dedicate alla prevenzione degli abusi sul mercato. L'obiettivo è quello di mettere sullo stesso livello i mercati delle criptovalute con quelle degli strumenti finanziari quotati. Le sanzioni per le persone fisiche ammontano fino a 700mila euro mentre per le persone giuridiche fino a cinque milioni e in casi particolari dal 3% al 12.5% del fatturato annuo determinato rispetto all'ultimo bilancio approvato.

5. Linee guida dell'EBA: L'Autorità bancaria europea (EBA) ha emesso linee guida per le banche in merito alle misure antiriciclaggio e anticorruzione legate alle criptovalute. La roadmap potrebbe includere l'implementazione di tali linee guida per garantire che le banche rispettino gli standard di conformità;

6. L'Unione Europea sta rendendo più difficile per i criminali eludere le norme antiriciclaggio di denaro attraverso le criptovalute. Il 16 maggio 2023 ha adottato norme aggiornate sull'informazione accompagnatoria dei trasferimenti di fondi, estendendo la loro applicazione anche

ai trasferimenti di criptoattività[13]. Ciò assicura la trasparenza finanziaria nelle transazioni di criptoattività e fornisce all'UE un solido quadro normativo che rispetta gli standard internazionali più rigorosi nello scambio di criptoattività, garantendo che queste non siano utilizzate per scopi criminali. La decisione odierna è una brutta notizia per coloro che hanno abusato delle criptoattività per le loro attività illegali, per eludere le sanzioni dell'UE o per finanziare il terrorismo e la guerra.

Ai sensi delle nuove norme, i fornitori di servizi di criptoattività sono obbligati a raccogliere e rendere accessibili determinate informazioni sul mittente e sul beneficiario dei trasferimenti di criptoattività da loro effettuati, indipendentemente dall'importo delle criptoattività oggetto della transazione. Ciò assicura la tracciabilità dei trasferimenti di criptoattività al fine di identificare meglio eventuali transazioni sospette e bloccarle.

La normativa citata fa parte di un pacchetto di proposte legislative volte a rafforzare le norme dell'UE per il contrasto al riciclaggio di denaro e al finanziamento del terrorismo, presentato dalla Commissione il 20 luglio 2021. Il pacchetto include anche una proposta per istituire una nuova autorità dell'UE per combattere il riciclaggio di denaro.

b) Roadmap italiana sulle criptovalute:

Il fenomeno delle criptovalute è stato regolamentato, limitatamente agli aspetti fiscali, nella legge di bilancio 2023, la quale espressamente prevede la tassazione delle "criptoattività", introducendo una nuova categoria di "redditi diversi". La Legge di Bilancio 2023 ha regolarizzato la tassazione delle criptovalute con diverse novità sia per le persone fisiche, sia per le imprese.

Il Consiglio dei Ministri n. 25, datato 16 Marzo 2023, mette in luce l'importanza di promuovere soluzioni innovative nel contesto digitale, attraverso un costante dialogo con le autorità di vigilanza. In particolare, fa riferimento alle criptovalute come una delle aree di interesse in cui l'innovazione digitale può giocare un ruolo significativo.

Si riconosce l'importanza di garantire la sicurezza delle transazioni e la tutela degli investitori nel contesto delle criptovalute.

---

[13] Council of the EU Press Release 321/23 16/05/2023.

Il Consiglio dei Ministri ribadisce la necessità di un approccio equilibrato che favorisca lo sviluppo di soluzioni innovative nel settore delle criptovalute, ma al contempo ponga l'accento sulla prevenzione di rischi come il riciclaggio di denaro, la frode e la volatilità dei prezzi.

Inoltre, bisogna sottolineare l'importanza del dialogo e della collaborazione con le autorità di vigilanza per sviluppare un quadro regolamentare adeguato che promuova l'innovazione e al contempo tuteli gli interessi dei cittadini e dell'economia.

Per quanto riguarda la tassazione, in molti Paesi esistono regole specifiche per la dichiarazione e l'imposizione delle criptovalute. Queste regole possono variare da Paese a Paese e potrebbero riguardare l'imposizione sui guadagni derivanti dalla vendita o dallo scambio di criptovalute, la dichiarazione delle criptovalute detenute come attività finanziarie e altre questioni fiscali correlate.

Per quanto riguarda gli obblighi antiriciclaggio, molte giurisdizioni hanno esteso le leggi e i regolamenti antiriciclaggio per includere anche le criptovalute. Ciò può comportare l'obbligo per gli operatori di criptovalute di adottare misure di identificazione e verifica dei clienti, di monitoraggio delle transazioni sospette e di segnalazione alle autorità competenti.

Non da ultimo segnalo che il Decreto Legge 17 marzo 2023, n. 25, introduce disposizioni volte a promuovere l'adozione della Distributed Ledger Tecnology (DLT) nel settore finanziario e a regolare gli strumenti finanziari digitali. Questo rappresenta un importante passo avanti per l'evoluzione del mercato finanziario verso un'infrastruttura digitale più efficiente e sicura[14].

Il Regolamento (UE) 2022/858, d'altro canto, fornisce un quadro normativo a livello europeo per l'emissione e la negoziazione di strumenti finanziari digitali. Questo regolamento mira a creare un ambiente armonizzato e sicuro per le transazioni di strumenti finanziari digitali, fornendo un alto livello di protezione per gli investitori e promuovendo

---

[14] Valerio Lemma, Counsel, Dentons, Approfondimenti "DLT pilot: verso il mercato degli strumenti finanziari digitali. Note a margine del d.l. 17 marzo 2023, n. 25, e del Regolamento (UE) 2022/858, Maggio 2023, (https://www.dirittobancario.it/art/dlt-pilot-verso-il-mercato-degli-strumenti-finanziari-digitali/).

l'innovazione nel settore.

L'introduzione del DLT pilot, come sottolineato nel documento, rappresenta una prova concreta dell'applicazione pratica della DLT nel mercato degli strumenti finanziari digitali. Questo pilota offre l'opportunità di testare l'efficacia della DLT e valutare i suoi benefici in termini di efficienza operativa, trasparenza e sicurezza delle transazioni.

Incorporare la DLT nel mercato degli strumenti finanziari digitali comporta diversi vantaggi. Innanzitutto, la DLT offre un registro distribuito e immutabile delle transazioni, che può contribuire a ridurre il rischio di frodi e manipolazioni. Inoltre, la tecnologia può semplificare e automatizzare i processi di compensazione e regolamento, consentendo transazioni più rapide ed efficienti.

Tuttavia, ci sono anche sfide da affrontare nel contesto della DLT applicata agli strumenti finanziari digitali. Ad esempio, la gestione della privacy e della protezione dei dati personali è fondamentale per garantire la conformità alle normative in materia e la fiducia degli investitori. Inoltre, la scalabilità della DLT è una considerazione importante per gestire un volume crescente di transazioni nel mercato finanziario.

In conclusione, il DLT pilot e le disposizioni legislative presentate nel Decreto Legge e nel Regolamento europeo evidenziano l'importanza dell'adozione della DLT nel mercato degli strumenti finanziari digitali. Questo rappresenta un'opportunità per migliorare l'efficienza, la trasparenza e la sicurezza delle transazioni finanziarie. Tuttavia, è necessario affrontare le sfide associate all'implementazione della DLT, come la gestione della privacy e la scalabilità, al fine di sfruttare appieno i benefici di questa tecnologia nel settore finanziario.

Infine, mi piacerebbe fornire una panoramica dettagliata sul ruolo delle criptovalute all'interno della Distributed Ledger Technology (DLT) e sulle implicazioni di queste tecnologie nei processi di pagamento, compensazione e regolamento nel settore finanziario.

Le criptovalute, come il Bitcoin, rappresentano un'innovazione significativa nell'ambito dei pagamenti e delle transazioni finanziarie. La DLT, come la blockchain, offre un'infrastruttura decentralizzata che consente di registrare e trasferire in modo sicuro e affidabile le transazioni finanziarie. Ciò significa che le criptovalute possono essere gestite e scambiate senza la necessità di intermediari tradizionali, come banche o istituzioni finanziarie.

Uno dei principali vantaggi delle criptovalute all'interno della DLT è la possibilità di effettuare transazioni in modo rapido ed efficiente, riducendo i tempi di elaborazione e gli oneri associati ai pagamenti tradizionali. Inoltre, la DLT offre una maggiore sicurezza grazie alla crittografia e alla distribuzione delle informazioni su una rete di nodi, riducendo il rischio di frodi e manipolazioni.

Tuttavia, il documento riconosce che ci sono sfide da affrontare. Ad esempio, la gestione della privacy rappresenta un tema critico, poiché le transazioni all'interno della DLT sono visibili a tutti i partecipanti della rete. Ciò richiede l'adozione di misure aggiuntive per proteggere le informazioni sensibili e garantire il rispetto delle normative sulla privacy.

Inoltre, la scalabilità della DLT è un'ulteriore sfida da superare. Poiché le criptovalute e la DLT stanno guadagnando sempre più popolarità, è necessario garantire che la tecnologia possa gestire un volume crescente di transazioni senza compromettere le prestazioni e l'efficienza del sistema.

In conclusione, si evidenzia che le criptovalute all'interno della DLT hanno il potenziale per trasformare i processi di pagamento, compensazione e regolamento nel settore finanziario. Tuttavia, è importante affrontare le sfide associate a queste tecnologie, come la privacy e la scalabilità, al fine di sfruttarne appieno i vantaggi. La ricerca e lo sviluppo continui nella DLT offrono opportunità per migliorare l'efficienza, la sicurezza e l'accessibilità dei sistemi finanziari.

Capitolo 3
CASI DI CRONACA NAZIONALE
ED INTERNAZIONALE E SENTENZE

(a cura di Barbara De Propis)

Secondo un articolo del "*Journal of Money Laundering Control*[15]", le autorità hanno introdotto misure per garantire la trasparenza e l'accountability nelle transazioni con criptovalute. In particolare, il governo degli Stati Uniti ha obbligato gli scambi di criptovalute a registrarsi presso la FinCEN (Financial Crimes Enforcement Network) e a rispettare le normative di *KYC (Know Your Customer)* e *AML (Anti Money Laundering)*. Inoltre, l'Europol ha creato un'unità di analisi delle criptovalute per monitorare l'uso delle criptovalute in attività criminali, tra cui la corruzione.

Anche l'Italia si è mossa in questo senso, con l'istituzione della *Task Force* criptovalute, un gruppo di lavoro che riunisce Banca d'Italia, Consob, MEF, UIF e GdF per monitorare l'uso delle criptovalute in attività illecite e sviluppare contromisure adeguate. Inoltre, il Decreto Legge n. 90/2017 ha introdotto l'obbligo per gli scambi di criptovalute di identificare i propri clienti e segnalare eventuali attività sospette alle autorità competenti.

In merito a questo, Ranieri Razzante, professore di diritto penale e criminologia dell'Università di Bologna, ha dichiarato che "le misure adottate dalle autorità italiane ed internazionali sono sicuramente un passo avanti nella prevenzione e contrasto della corruzione attraverso le criptovalute. Tuttavia, è fondamentale che tali misure siano accompagnate da una maggiore conoscenza e consapevolezza da parte dei cittadini riguardo ai rischi e alle opportunità delle criptovalute[16]".

Inoltre, è importante notare che le criptovalute non sono l'unico strumento utilizzato per la corruzione, e che quindi la lotta alla corruzione

---

[15] Journal of Money Laundering Control (JMLC), (Volume 2018) ISSN: 1368-5201 eISSN: 1368-520, (https://www.emeraldgrouppublishing.com/journal/jmlc).
[16] Razzante R, Bitcoin e criptovalute. Profili fiscali, giuridici e finanziari,15 settembre 2018.

richiede un approccio olistico e multidisciplinare, che prenda in considerazione anche altri aspetti, come la trasparenza, la responsabilità e la cultura etica[17]. In questo senso, è fondamentale promuovere una cultura dell'integrità e della legalità, che sia capace di contrastare la corruzione in tutte le sue forme, sia tradizionali che innovative come quella tramite criptovalute[18].

L'Europol si è impegnata attivamente nel contrastare il finanziamento della corruzione attraverso le criptovalute. In particolare, l'agenzia ha avviato numerose iniziative volte a migliorare la comprensione del fenomeno e a supportare le autorità nazionali nella lotta contro il crimine finanziario.

Tra le iniziative promosse da Europol vi è il *European Cybercrime Centre* (EC3[19]), che svolge un ruolo fondamentale nel monitorare e contrastare le attività illegali online, compreso il finanziamento della corruzione tramite criptovalute. L'EC3 collabora con le forze dell'ordine degli Stati membri dell'UE, fornendo loro supporto e consulenza nelle indagini e nei processi giudiziari.

L'Europol ha anche creato il Financial Intelligence Group (FIG), un gruppo specializzato che si concentra sull'identificazione dei flussi finanziari illeciti e sulla tracciabilità delle transazioni che coinvolgono criptovalute. Il FIG lavora in stretta collaborazione con le autorità nazionali e internazionali per individuare e smantellare le organizzazioni criminali che si avvalgono delle criptovalute per finanziare la corruzione e altre attività illegali.

Inoltre, l'Europol ha creato il *Virtual Currencies Taskforce*, un gruppo di lavoro che si concentra specificamente sull'analisi delle attività illecite che coinvolgono le criptovalute. La taskforce collabora con i principali operatori del settore, le autorità nazionali e internazionali e altre organizzazioni per contrastare l'uso delle criptovalute nella corruzione e nei reati finanziari.

---

[17] Razzante R., Manuale di legislazione e prassi dell'antiriciclaggio, Giappichelli, 2023.

[18] Razzante R., Riciclaggio e reati connessi, Giuffrè, 2023.

[19] Europol Spotlight Cryptocurrencies: Tracing the evolution of Criminal Finances, 2022.

In sintesi, l'Europol si è impegnata a fondo nella lotta contro il finanziamento della corruzione attraverso le criptovalute, utilizzando una serie di strumenti e iniziative per contrastare le attività illecite online e proteggere la sicurezza finanziaria dei cittadini europei.

3.1. Analisi di casi di utilizzo di criptovalute per il finanziamento della corruzione

Casi di studio: la confisca di bitcoin in Italia e l'indagine della SEC contro *Ripple Labs*:

Per dimostrare l'efficacia delle misure adottate dalle autorità italiane ed internazionali per prevenire e contrastare il finanziamento della corruzione attraverso le criptovalute, è possibile citare alcuni casi di studio significativi[20].

Uno di questi casi riguarda la confisca di bitcoin in Italia.

Nel maggio 2020, la Guardia di Finanza ha sequestrato bitcoin per un valore di circa 6 milioni di euro in un'operazione contro la mafia calabrese. Grazie all'utilizzo della tecnologia blockchain, è stato possibile rintracciare e confiscare tali fondi, dimostrando come la tecnologia stessa possa essere un'arma efficace nella lotta alla corruzione e al finanziamento illecito.

Un altro caso di studio importante è rappresentato dall'indagine della Securities and Exchange Commission (SEC) contro *Ripple Labs*, una società che aveva creato e distribuito la criptovaluta XRP. La SEC ha accusato la società di aver violato le leggi sulla sicurezza dei titoli finanziari, poiché la criptovaluta in questione era considerata un titolo finanziario non registrato. Questo caso dimostra l'importanza del rispetto della normativa finanziaria e il ruolo delle autorità di regolamentazione nella prevenzione e nel contrasto del finanziamento illecito tramite le criptovalute.

Questi casi di studio dimostrano come le misure adottate dalle autorità italiane ed internazionali per prevenire e contrastare il finanziamento della corruzione attraverso le criptovalute siano efficaci e

---

[20] La confisca di bitcoin in Italia e l'indagine della SEC contro Ripple Labs

necessarie per garantire la legalità e l'integrità del sistema finanziario e dell'economia in generale.

Analisi dal Rapporto sull'Internet *Crime* del 2022 dell'FBI

Il Rapporto sull'Internet *Crime* del 2022 dell'FBI[21] fornisce interessanti spunti sull'intersezione tra attività criminali e criptovalute. Questo estratto si concentra su due minacce rilevanti: Business e-mail Compromise (BEC) e Truffe di Investimento. Questi schemi criminali si sono evoluti parallelamente agli avanzamenti tecnologici e rappresentano sfide significative nella lotta contro la criminalità informatica. Questa sezione esamina i principali risultati e le implicazioni del rapporto.

Business e-mail Compromise (BEC): Il rapporto evidenzia il BEC come una truffa sofisticata che mira a imprese e individui coinvolti in trasferimenti di fondi. Nel 2022, l'IC3 ha ricevuto 21.832 segnalazioni di BEC, con perdite corrette che superano i 2,7 miliardi di dollari. Gli aggressori compromettono account e-mail aziendali legittimi attraverso tecniche di ingegneria sociale o intrusioni informatiche per effettuare trasferimenti non autorizzati di fondi.

Lo schema BEC si è evoluto nel tempo, poiché i truffatori si adattano alle misure preventive adottate. Storicamente, gli schemi coinvolgevano e-mail di fornitori compromessi, richieste di informazioni W-2, il settore immobiliare come obiettivo e richieste fraudolente di grandi quantità di buoni regalo. Tuttavia, le tendenze recenti rivelano un aumento dell'utilizzo di conti di custodia presso istituzioni finanziarie per scambi di criptovalute e trasferimenti diretti verso piattaforme di criptovalute.

L'FBI ha anche riscontrato un aumento nell'uso di account di investimento come obiettivo, anziché i tradizionali conti bancari. È emersa una tattica sempre più diffusa da parte degli autori di BEC, che consiste nel falsificare numeri di telefono aziendali legittimi per confermare dettagli bancari fraudolenti con le vittime. Ad esempio, le vittime riferiscono di aver chiamato una società immobiliare o un agente immobiliare utilizzando un numero di telefono conosciuto, per poi scoprire in seguito che il numero è stato falsificato. L'adozione di autenticazione a

---

[21] FBI. (2022). Rapporto sull'Internet Crime del 2022.

due fattori o a più fattori è quindi fondamentale come ulteriore livello di sicurezza. Dovrebbero essere adottate procedure per verificare i pagamenti e le richieste di acquisto al di fuori della comunicazione via e-mail, che possono includere chiamate telefoniche dirette, ma solo a numeri verificati noti e senza affidarsi a informazioni o numeri di telefono inclusi nella comunicazione via e-mail.

3.2. Sentenze e processi riguardanti l'uso di criptovalute per il finanziamento della corruzione

Scopriamo come le criptovalute stanno diventando un terreno fertile per la corruzione internazionale

Uno dei casi noti in cui l'FBI e l'Europol hanno collaborato per sventare attacchi alle *Cryptocurrency Wallets* è stato l'operazione conosciuta come "*Operation Bayonet*". Nel 2020, le autorità statunitensi ed europee hanno arrestato i membri del gruppo di hacker "*NetWalker*" e sequestrato i loro beni, inclusi i fondi provenienti da attività criminali, tra cui criptovalute.

Il gruppo *NetWalker* aveva perpetrato numerosi attacchi ransomware, prendendo di mira organizzazioni e istituzioni in tutto il mondo. Utilizzando sofisticate tecniche di hacking, il gruppo ha cifrato i file delle vittime e richiesto pagamenti in criptovalute per ripristinare l'accesso ai dati. Grazie alla collaborazione tra l'FBI e l'Europol, è stato possibile individuare e arrestare i membri chiave del gruppo, sequestrando anche i loro fondi criptati.

L'operazione *Bayonet* rappresenta un importante successo nella lotta contro i crimini legati alle criptovalute e dimostra come le forze dell'ordine internazionali possano cooperare per contrastare le attività illegali che coinvolgono *wallets* di criptovalute.

Capitolo 4
CONTROMISURE ADOTTATE DALLE AUTORITÀ ITALIANE ED INTERNAZIONALI PER PREVENIRE E CONTRASTARE IL FINANZIAMENTO DELLA CORRUZIONE ATTRAVERSO LE CRIPTOVALUTE

(a cura di Barbara De Propis)

4.1. Strumenti tecnologici per la prevenzione del riciclaggio e del finanziamento del terrorismo

Esploriamo il ruolo delle criptovalute nelle frodi finanziarie su larga scala.

Le criptovalute hanno aperto nuove opportunità per gli schemi Ponzi, le truffe di investimento e altre forme di frode che si sono adattate al contesto digitale, sfruttando l'attrattiva e la complessità tecnica delle criptovalute. Evidenziamo casi di frodi finanziarie relativi alle criptovalute, mettendo in luce l'importanza di una maggiore consapevolezza da parte degli investitori e di misure di protezione più solide per prevenire tali frodi.

Viene evidenziata altresì l'esigenza di garantire la correttezza del rapporto con la clientela e l'informazione fornita nonché tutta una serie di presidi a partire dalla tutela della cybersecurity al funzionamento delle infrastrutture tecnologiche, dal trattamento prudenziale per le esposizioni in cripto attività alla coerenza nel risparmio gestito con la strategia di investimento.

La Banca d'Italia precisa che intende contribuire allo sviluppo ordinato e sicuro delle nuove soluzioni digitali, anche attraverso il dialogo con i vari stakeholders e si pone anche nella prospettiva di attrarre nell'ambito della sorveglianza soggetti operanti in ecosistemi cripto.

Come emerge dal documento, la Banca d'Italia, evidentemente sulla scorta dei negativi e pericolosi segnali che rinvengono dai criptomercati non regolamentati, si è posta nella prospettiva di guidare il possibile ingresso delle banche nell'operatività dei criptoassets iniziando a predisporre i presidi necessari per controllare e mettere in sicurezza il fenomeno che si attende.

In Italia il legislatore nazionale, anche se non è finora intervenuto sui dubbi concernenti la natura giuridica dei criptoassets, ha dettato regole in materia di antiriciclaggio (cfr. *infra*) e ha emanato una prima disciplina che non riguarda l'attività ma i soggetti che prestano servizi in valuta virtuale.

In base al decreto del Ministro dell'Economia e delle Finanze del 13 febbraio 2022, i prestatori di servizi relativi all'utilizzo di valuta virtuale e quelli di servizi di portafoglio digitale devono iscriversi a una sezione speciale del Registro Cambiavalute tenuto dall'Organismo Agenti e Mediatori. Tale iscrizione, precisa il d.m., è condizione essenziale per l'esercizio legale dell'attività (anche on line) sul territorio italiano.

Si tratta di una mera «emersione» non essendo previsti requisiti specifici per l'iscrizione. Non è molto, in verità. Anzi potrebbe trattarsi di una via illusoria che di per sé non è in grado di fornire né tutela agli investitori né stabilità ai mercati.

L'aspetto più rilevante dell'intervento normativo attiene, in realtà, all'obbligo di trasmettere all' Organismo Agenti e Mediatori (OAM), con cadenza trimestrale, i dati relativi alle operazioni effettuate (sul territorio nazionale); si tratta dei dati identificativi del cliente e dei dati sintetici sull'operatività per singolo cliente. La raccolta di questi dati è funzionale al loro utilizzo da parte oltre che del Ministero delle Economie e Finanze MEF, della Guardia di Finanza (GdF), dell'Unità di informazione finanziaria (UIF), della Direzione Nazionale Antimafia e Antiterrorismo (DIA) a fini fiscali, di antiriciclaggio, di contrasto alla criminalità. L'obiettivo effettivo di questa normativa sembra essere quello di separare la parte «sana» del cripto mercato da quella che, per varie motivazioni, spesso illecite, punta a garantirsi l'anonimato, anche operando su piattaforme non ricomprese nella giurisdizione italiana. Difficile ipotizzare fin d'ora quale delle due possibili direzioni prenderanno in Italia i flussi di cripto attività più consistenti.

Giurisprudenza, antiriciclaggio e fisco

La giurisprudenza penale sembra avere le idee molto chiare sulla natura illecita di molti aspetti delle criptovalute. La Cassazione (Sez. 2, n. 44378 del 22 novembre 2022) parte dalla nozione di valuta virtuale del d.lgs. n. 231/2007 antiriciclaggio e riprende una precedente sentenza (n. 26807 del 17 settembre 2020) secondo cui la vendita di Bitcoin, ove sia reclamizzata come una vera e propria proposta di investimento, configura un'attività soggetta agli artt. 91 e seguenti del Testo Unico sulla Finanza, la cui violazione integra il reato di abusivismo di cui all'art. 166, comma 1, lett. *c)*, TUF.

Secondo la sentenza dello scorso novembre il Bitcoin, come ogni altra valuta virtuale, deve essere considerato uno «strumento di investimento» in quanto consiste in un «prodotto finanziario» e va disciplinato dalle norme in materia di intermediazione finanziaria. La Cassazione ha, quindi, accolto il ricorso del Procuratore Generale di Brescia e ha disposto un nuovo giudizio in merito al mancato sequestro preventivo di un *wallet* contenente 30 Bitcoin in relazione ai reati di abusivismo per l'attività di promozione o collocamento, mediante tecniche di comunicazione a distanza, di prodotti finanziari o servizi o attività di investimento (reclusione da uno a otto anni) e di autoriciclaggio.

Ancora più di recente (Sez. 2, n. 2585 del 1° gennaio 2023) ha esaminato un caso in cui somme illecite riferibili a diversi soggetti venivano trasferire tramite false identità con l'acquisto di Bitcoin. La Cassazione ne desume due conseguenze. La prima è questa operatività integra la caratteristica attività di inquinamento del circuito economico a fini di riciclaggio, la seconda è la natura di attività speculativa, con l'accettazione del rischio di possibili e considerevoli perdite, dell'investimento in valute virtuali, utilizzate notoriamente per scopi diversi dal pagamento. E tale sistema agevola condotte illecite, potendo garantire un alto grado di anonimato, senza previsione di alcun controllo sulla provenienza del denaro convertito in moneta virtuale.

Contromisure per contrastare l'utilizzo delle criptovalute nella corruzione e nelle frodi finanziarie:

Affrontare il problema dell'utilizzo delle criptovalute nella corruzione e nelle frodi finanziarie richiede un approccio multifattoriale che coinvolga sia le autorità governative che le istituzioni finanziarie[22]. Alcune delle contromisure chiave da considerare includono:

1. Regolamentazione adeguata: è fondamentale stabilire un quadro regolamentare chiaro e robusto per le criptovalute. Questo dovrebbe includere norme antiriciclaggio e anticorruzione specifiche per le transazioni in criptovalute, così come l'obbligo di registrarsi e ottenere licenze per le piattaforme di scambio criptovalute.

2. Rafforzamento della cooperazione internazionale: la collaborazione tra le agenzie investigative, come l'FBI e l'Europol, è essenziale per contrastare l'utilizzo delle criptovalute in attività criminali transnazionali. La condivisione di informazioni e l'assistenza reciproca possono facilitare l'individuazione e la persecuzione dei criminali che si avvalgono delle criptovalute per scopi illeciti[23].

3. Educazione e sensibilizzazione: è importante fornire informazioni e formazione agli investitori e al pubblico in generale sui rischi associati alle criptovalute e alle possibili frodi[24]. L'educazione finanziaria può contribuire a ridurre la vulnerabilità delle persone di fronte alle truffe criptovalute e favorire una maggiore consapevolezza dei meccanismi di prevenzione e protezione[25].

4. Monitoraggio tecnologico: lo sviluppo di strumenti di analisi delle transazioni in criptovalute e di intelligence artificiale può aiutare le autorità a individuare schemi fraudolenti e attività sospette. L'implementazione di tali strumenti può consentire una migliore sorveglianza del mercato delle criptovalute e contribuire a identificare e prevenire comportamenti illeciti.

---

[22] Smith, J. (2020). Cryptocurrency Fraud: A Comprehensive Analysis of Fraudulent Schemes Involving Cryptocurrencies. International Journal of Cyber Criminology, 14(1), 26-42.

[23] SEC. (n.d.). Investor Bulletin: Initial Coin Offerings. U.S. Securities and Exchange Commission. Retrieved.

[24] FinCEN. (2021). Guidance on Application of FinCEN's Regulations to Certain Business Models Involving Convertible Virtual Currencies. Financial Crimes Enforcement Network.

[25] European Commission. (2018). Proposal for a Regulation on Markets in Crypto-assets (MiCA). European Commission.

Gli schemi Ponzi e le truffe di investimento

La prima forma di frode finanziaria su larga scala che affrontiamo sono gli schemi Ponzi e le truffe di investimento che coinvolgono criptovalute[26]. Questi schemi si basano sull'inganno e sulla promessa di rendimenti elevati agli investitori. Gli organizzatori di tali frodi utilizzano le criptovalute per creare un'apparenza di legittimità e per facilitare i trasferimenti di fondi senza lasciare tracce. Citiamo casi noti come il caso *BitConnect* e *OneCoin*, in cui gli investitori hanno subito ingenti perdite finanziarie.

Le truffe ICO (*Initial Coin Offerings*)

Le truffe ICO, che rappresentano un altro tipo di frode finanziaria basata sulle criptovalute. Le ICOs offrono agli investitori la possibilità di acquistare nuove criptovalute o token associati a un progetto o a un'azienda emergente. Tuttavia, molte ICOs sono state rivelate come truffe, in cui gli organizzatori raccolgono ingenti somme di denaro dagli investitori senza fornire alcuna base solida per il progetto. Esempi noti includono i casi di Centra Tech e AriseBank, che hanno portato a pesanti perdite per gli investitori.

Manipolazione di mercato e *insider trading*

Il ruolo delle criptovalute nella manipolazione di mercato e nell'insider trading. L'anonimato e la natura decentralizzata delle criptovalute rendono più difficile per le autorità di regolamentazione individuare e prevenire tali pratiche fraudolente. Ad esempio, il fenomeno delle "pump-and-dump" coinvolge gruppi di individui che coordinano l'acquisto simultaneo di una criptovaluta meno conosciuta, aumentandone artificialmente il prezzo e poi vendendola creando un profitto, causando perdite per gli investitori meno informati.

Il ruolo delle criptovalute nelle frodi finanziarie su larga scala è un problema sempre più rilevante. Gli schemi Ponzi, le truffe ICOs, la manipolazione di mercato e l'insider trading sono solo alcune delle forme di frode che coinvolgono le criptovalute.

---

[26] Europol. (2020). Internet Organised Crime Threat Assessment (IOCTA) 2020. European Union Agency for Law Enforcement Cooperation.

4.2. Regolamento delle criptovalute: limiti ed opportunità

Esploreremo le sfide e le opportunità legate ai regolamenti concernenti le criptovalute. Metteremo in rilievo l'efficacia delle misure adottate dalle autorità italiane e internazionali per affrontare il problema del finanziamento della corruzione attraverso l'uso di criptovalute.

Inizieremo con una panoramica delle azioni intraprese a livello globale, con un'attenzione particolare alle iniziative promosse dall'Organizzazione per la Cooperazione e lo Sviluppo Economico (OCSE) e dal Gruppo di Azione Finanziaria Internazionale (GAFI) per prevenire e contrastare il rischio di riciclaggio di denaro tramite criptovalute.

Successivamente, ci concentreremo sulle strategie adottate dalle autorità italiane, analizzando in dettaglio le misure attuate dalla Banca d'Italia, dall'Unità di Informazione Finanziaria (UIF) e dall'Autorità Nazionale Anticorruzione (ANAC) per ridurre al minimo l'abuso delle criptovalute in attività legate alla corruzione.

Iniziative dell'OCSE:
L'Organizzazione per la Cooperazione e lo Sviluppo Economico (OCSE) ha svolto un ruolo fondamentale nella promozione di regolamenti internazionali per affrontare il riciclaggio di denaro attraverso le criptovalute. Tra le iniziative chiave dell'OCSE troviamo:
1. **Linee guida sulla trasparenza delle criptovalute:** L'OCSE ha sviluppato linee guida per garantire la trasparenza nelle transazioni con criptovalute. Queste linee guida enfatizzano l'importanza della registrazione delle transazioni e della divulgazione di informazioni pertinenti per combattere l'anonimato.
2. **Cooperazione internazionale:** L'OCSE promuove la cooperazione internazionale tra le nazioni per condividere informazioni e migliori pratiche nella prevenzione del riciclaggio di denaro con le criptovalute. Questa cooperazione è cruciale per affrontare il carattere transfrontaliero delle criptovalute.

Limiti e Opportunità dell'Iniziativa dell'OCSE:

Limiti:

- **Difficoltà di applicazione universale:** Non tutti i paesi aderiscono alle linee guida dell'OCSE, il che limita l'uniformità nell'applicazione delle normative.

Opportunità:

- **Standard internazionali:** Le iniziative dell'OCSE aiutano a stabilire standard internazionali, il che può contribuire a una maggiore coerenza nelle regolamentazioni globali delle criptovalute.

Iniziative del GAFI:

Il Gruppo di Azione Finanziaria Internazionale (GAFI) è un altro organismo internazionale che gioca un ruolo cruciale nella lotta contro il riciclaggio di denaro con le criptovalute. Le sue principali iniziative includono:

1. **Regolamenti antiriciclaggio (AML) e identificazione del cliente (KYC):** Il GAFI ha sviluppato raccomandazioni per garantire che le piattaforme di criptovalute implementino procedure AML e KYC per identificare i clienti e monitorare le transazioni sospette.
2. **Valutazioni dei paesi:** Il GAFI valuta periodicamente i paesi per verificare la conformità alle sue raccomandazioni, incoraggiando così l'adeguamento normativo a livello globale.

Limiti e Opportunità dell'Iniziativa del GAFI:

Limiti:

- **Conformità varia:** Non tutti i paesi rispettano pienamente le raccomandazioni del GAFI, il che crea una variazione nell'applicazione delle normative a livello internazionale.

Opportunità:

- **Maggiore consapevolezza:** L'attenzione del GAFI ha contribuito a sensibilizzare i governi e le aziende sull'importanza della regolamentazione delle criptovalute.

Le iniziative promosse dall'OCSE e dal GAFI sono essenziali per mitigare il rischio di riciclaggio di denaro attraverso le criptovalute. Tuttavia, i limiti legati alla conformità e all'uniformità nell'applicazione delle regolamentazioni internazionali rappresentano sfide significative. Allo stesso tempo, queste iniziative offrono l'opportunità di stabilire standard globali e promuovere la cooperazione internazionale nella lotta contro il riciclaggio di denaro.

Spostiamo il focus sulle misure adottate dalle autorità italiane, in particolare dalla Banca d'Italia, dall'Unità di Informazione Finanziaria (UIF) e dall'Autorità Nazionale Anticorruzione (ANAC), per prevenire e contrastare l'utilizzo delle criptovalute per la corruzione.

Le Iniziative dell'UIF (Unità di Informazione Finanziaria):
L'UIF è un organo italiano specializzato nella raccolta e nell'analisi di informazioni finanziarie con l'obiettivo di prevenire il riciclaggio di denaro e il finanziamento del terrorismo.

Le sue iniziative includono:
1. **Obblighi di segnalazione:** L'UIF richiede a entità come le piattaforme di criptovalute e le istituzioni finanziarie di segnalare transazioni sospette o insolite che possono indicare attività di riciclaggio di denaro.
2. **Cooperazione con altre autorità:** L'UIF collabora con altre autorità italiane, come la Banca d'Italia, per assicurare il rispetto delle normative AML (Anti-Money Laundering) e KYC (Know Your Customer) da parte delle piattaforme di criptovalute.

Limiti e Opportunità delle Iniziative dell'UIF:
Limiti:
- **Limiti di giurisdizione:** L'UIF ha giurisdizione solo in Italia, il che rende difficile l'affrontare transazioni che coinvolgono piattaforme straniere o transfrontaliere.
Opportunità:
- **Controllo e supervisione:** L'UIF svolge un ruolo chiave nella supervisione delle attività finanziarie in Italia, contribuendo a

garantire che le piattaforme di criptovalute siano conformi alle normative nazionali.

Iniziative dell'ANAC (Autorità Nazionale Anticorruzione):

L'ANAC è un organo italiano dedicato alla prevenzione e alla lotta alla corruzione nel settore pubblico. Le sue iniziative per affrontare l'utilizzo delle criptovalute per scopi di corruzione possono includere:

1. **Oversight sui contratti pubblici:** L'ANAC supervisiona l'assegnazione di contratti pubblici e monitora eventuali irregolarità nelle transazioni finanziarie, inclusi i pagamenti con criptovalute.

2. **Indagini e sanzioni:** L'ANAC ha il potere di condurre indagini e imporre sanzioni in caso di comportamenti illeciti legati all'uso di criptovalute in transazioni pubbliche.

Limiti e Opportunità delle Iniziative dell'ANAC:

Limiti:

- **Focus sulla corruzione nel settore pubblico:** L'ANAC si concentra principalmente sulla corruzione nel settore pubblico, quindi potrebbe non essere completamente equipaggiata per affrontare tutte le sfide legate alle criptovalute nel settore privato.

Opportunità:

- **Promozione di un ambiente d'affari etico:** Le iniziative dell'ANAC contribuiscono a promuovere un ambiente aziendale etico in Italia, che può influenzare positivamente l'adozione responsabile delle criptovalute.

In conclusione, le iniziative dell'UIF e dell'ANAC in Italia sono cruciali per prevenire l'uso improprio delle criptovalute, ma presentano limitazioni legate alla loro giurisdizione specifica e al loro focus su questioni specifiche come il riciclaggio di denaro e la corruzione nel settore pubblico. Tuttavia, contribuiscono all'ambiente normativo generale per le criptovalute nel paese e promuovono la conformità alle normative italiane.

4.3. Il ruolo delle Autorità italiane ed internazionali nel contrasto al finanziamento del terrorismo con criptovalute

Le autorità italiane ed internazionali hanno adottato diverse contromisure per prevenire e contrastare il finanziamento della corruzione attraverso le criptovalute. Tra le principali contromisure adottate vi sono la regolamentazione delle criptovalute, l'identificazione dei titolari di criptovalute e il sequestro di criptovalute.

Inoltre, la sentenza della Corte Suprema degli Stati Uniti nel caso *McDonnell* v. United States del 2016[27] ha stabilito che l'accusa di corruzione richiede la dimostrazione di un "atto ufficiale specifico" in cambio di un "dono" o un "premio", il che ha reso più difficile per le autorità perseguire i casi di corruzione, inclusi quelli che coinvolgono criptovalute. Tuttavia, gli sforzi delle autorità per adottare nuove misure e nuove tecnologie per contrastare la corruzione attraverso le criptovalute continuano ad evolversi, anche in risposta a questi ostacoli giuridici.

Le criptovalute rappresentano una sfida significativa per le autorità a livello mondiale nella lotta contro la corruzione e il finanziamento illecito. Ora, esamineremo l'efficacia delle contromisure adottate dalle autorità italiane ed internazionali per prevenire e contrastare il finanziamento della corruzione attraverso le criptovalute.

L'opinione pubblica si è concentrata in modo particolare sull'efficacia della normativa europea e italiana in materia di criptovalute. La BCE, ad esempio, ha espresso preoccupazione per l'aumento del ricorso alle criptovalute in attività illegali e ha affermato che la lotta contro il riciclaggio di denaro e il finanziamento del terrorismo è una priorità per la banca centrale europea. Il membro del consiglio esecutivo della BCE e futuro Governatore Banca d' Italia, Fabio Panetta, ha sottolineato l'importanza di una normativa armonizzata a livello europeo per garantire la massima efficacia delle contromisure contro le attività illecite.

Inoltre, la stampa internazionale ha riportato una serie di indiscrezioni e novità riguardanti l'utilizzo di criptovalute in attività illecite. Secondo un'inchiesta del New York Times del 2022, le criptovalute

---

[27] U.S. CFTC. (n.d.). Virtual Currency Resource Center. U.S. Commodity Futures Trading Commission.

sarebbero state utilizzate per pagare gli hacker responsabili del recente attacco alla piattaforma di gioco online *Steam*, causando un danno di milioni di dollari.

A fronte di tali sfide, le autorità italiane ed internazionali hanno adottato una serie di contromisure per prevenire e contrastare il finanziamento della corruzione attraverso le criptovalute. Tuttavia, tali contromisure hanno dei punti di forza e debolezza che saranno esaminati in dettaglio più avanti.

A tal proposito continuiamo a parlare delle contromisure adottate.

Un punto di forza è sicuramente rappresentato dall'adozione di regolamentazioni sempre più stringenti per il settore delle criptovalute[28]. Ad esempio, la recente normativa europea *Anti-Money Laundering (AML)* impone una maggiore trasparenza sulle transazioni in criptovalute, richiedendo agli operatori di registrarsi e di sottostare a una serie di obblighi di conformità.

Tuttavia, questa normativa è stata criticata da alcuni attori del settore per essere troppo rigida e potenzialmente dannosa per l'innovazione. Inoltre, l'efficacia delle contromisure dipende anche dalla loro capacità di essere implementate in modo efficace e uniforme in tutti i paesi.

In questo contesto, emerge l'importanza del concetto di bene comune come strumento per prevenire il finanziamento della corruzione attraverso le criptovalute. Il Prof. Emiliano Di Carlo Responsabile del Master Anticorruzione e Docente ordinario di Economia Aziendale presso l'Università di Tor Vergata ha sottolineato l'importanza di considerare il bene comune[29] come un valore fondamentale per il sistema finanziario, e di promuovere l'adozione di pratiche etiche e trasparenti nel settore delle criptovalute e nel sistema aziendale.

A tal proposito, potrebbero essere adottate ulteriori contromisure per promuovere la trasparenza e la responsabilità nel settore delle

---

[28] FCA. (2020). Consumer Warning on the Risks of Initial Coin Offerings and Cryptocurrency Investments. Financial Conduct Authority.

[29] Prof. Emiliano di Carlo, Università degli Studi di Tor vergata: "Interesse primario dell'azienda come principio-guida e bene comune" e "Il conflitto di interessi nelle aziende" link:(https://sites.google.com/site/dicarloe/bene-comune).

criptovalute. Ad esempio, potrebbe essere introdotta una maggiore supervisione delle attività di scambio di criptovalute da parte delle autorità, o una maggiore incentivazione all'utilizzo di criptovalute tracciabili e conformi alle normative AML.

Inoltre, potrebbe essere promossa una maggiore collaborazione tra le autorità a livello internazionale per prevenire il finanziamento della corruzione attraverso le criptovalute. Ad esempio, l'Europol potrebbe giocare un ruolo fondamentale nella promozione di una maggiore cooperazione tra le autorità di diversi paesi e nell'individuazione di attività illecite a livello globale.

In sintesi, la prevenzione del finanziamento della corruzione attraverso le criptovalute è una sfida complessa che richiede l'adozione di contromisure efficaci e una maggiore attenzione al concetto di bene comune. Solo attraverso una combinazione di regolamentazioni stringenti, trasparenza e responsabilità nel settore delle criptovalute, e una maggiore collaborazione tra le autorità internazionali, sarà possibile prevenire l'utilizzo delle criptovalute per fini illeciti.

Di seguito, riassumo i principali punti di forza e di debolezza delle contromisure adottate dalle autorità italiane ed internazionali per prevenire e contrastare il finanziamento della corruzione attraverso le criptovalute:

Punti di forza:

1. Regolamentazione: molte autorità hanno adottato normative specifiche per regolare l'uso delle criptovalute. Ad esempio, l'UE ha introdotto la 5AMLD (Quinta Direttiva antiriciclaggio) che obbliga i fornitori di servizi di criptovalute a rispettare gli stessi standard antiriciclaggio delle banche tradizionali.

2. Collaborazione tra le autorità: le autorità italiane ed internazionali collaborano sempre di più per condividere informazioni e cooperare nell'individuazione e perseguimento dei reati finanziari che coinvolgono le criptovalute.

3. Innovazione tecnologica: le autorità si stanno sempre più avvalendo di strumenti tecnologici avanzati per analizzare le transazioni di criptovalute e individuare attività sospette.

Punti di debolezza:

1. Anonimato: l'anonimato delle transazioni di criptovalute rappresenta una grande sfida per le autorità, poiché rende difficile l'individuazione dei soggetti coinvolti in attività illecite.

2. Difficoltà di individuazione: le criptovalute possono essere facilmente spostate da un paese all'altro senza alcun controllo, rendendo difficile per le autorità individuare e perseguire i responsabili di reati finanziari.

3. Tecnologie innovative: se da un lato l'innovazione tecnologica aiuta le autorità nella lotta al crimine finanziario, dall'altro i criminali sono sempre più avvezzi all'uso di tecnologie avanzate per eludere i controlli delle autorità.

I casi di frode coinvolgono spesso ICOs (*Initial Coin Offering*) fraudolenti, in cui vengono emessi token digitali con false promesse di guadagno. Gli investitori vengono ingannati con progetti finti o esagerati, e una volta che hanno investito denaro nelle criptovalute, i truffatori possono scomparire con i fondi raccolti, lasciando gli investitori senza alcuna possibilità di recupero. In alcuni casi, le criptovalute vengono utilizzate come strumento per pompare e scaricare il prezzo di determinate monete digitali, manipolando il mercato e traendo profitto a spese degli investitori più ingenui.

La mancanza di regolamentazione e sorveglianza nel settore delle criptovalute ha creato un ambiente fertile per le frodi finanziarie. I truffatori possono sfruttare la mancanza di trasparenza e responsabilità per attuare schemi fraudolenti senza essere ritenuti responsabili. Ciò ha causato danni significativi alle persone che hanno investito nelle criptovalute, portando a una crescente preoccupazione riguardo alla necessità di una regolamentazione efficace e di misure di protezione per gli investitori.

Inoltre, si richiama il concetto di bene comune come strumento per prevenire il finanziamento della corruzione attraverso le criptovalute. La promozione del bene comune come obiettivo condiviso può contribuire a creare un sistema più trasparente e a prevenire l'uso delle criptovalute per attività illecite.

Per contrastare questo fenomeno, si propone l'implementazione di meccanismi di blockchain basati sul concetto di bene comune, ovvero un insieme di risorse o servizi che sono considerati di interesse pubblico e che devono essere gestiti in modo trasparente e partecipativo dalla comunità.

Nel contesto delle criptovalute, questo potrebbe tradursi nella creazione di una blockchain pubblica e decentralizzata che permetta di tracciare in modo trasparente le transazioni e prevenire il riciclaggio di denaro proveniente dalla corruzione.

Tra i punti di forza nel contrasto al finanziamento del terrorismo con criptovalute, è possibile individuare diversi elementi chiave che dimostrano l'impegno delle autorità italiane e internazionali nella lotta a questa minaccia emergente. Tra questi punti di forza, possiamo citare

• L'implementazione di normative a livello internazionale e nazionale che obbligano gli *exchange* di criptovalute ad adottare misure di KYC (*Know Your Customer*) e AML (*Anti-Money Laundering*) per prevenire il riciclaggio di denaro.
• L'attivazione di unità investigative specializzate in materia di criptovalute da parte di autorità internazionali e nazionali.
• L'uso di tecnologie avanzate, come l'intelligenza artificiale e la blockchain, per tracciare le transazioni e identificare eventuali comportamenti sospetti.

Tra i punti di debolezza, è possibile individuare:
• La difficoltà nel tracciare le transazioni che avvengono su piattaforme decentralizzate, che non sono soggette alle stesse normative degli *exchange* centralizzati.
• La mancanza di standard internazionali in materia di regolamentazione delle criptovalute, che crea un'incertezza normativa e può favorire il riciclaggio di denaro.
• La mancanza di una cooperazione internazionale efficace tra le autorità di diversi paesi, che può rendere più difficile la lotta al finanziamento della corruzione attraverso le criptovalute.

Capitolo 5
PROPOSTE PER MIGLIORARE
LE CONTROMISURE ADOTTATE E PREVENIRE
IL FINANZIAMENTO DELLA CORRUZIONE
ATTRAVERSO LE CRIPTOVALUTE

(a cura di Barbara De Propis)

Si propone di individuare alcune proposte per migliorare le contromisure attualmente adottate e prevenire il finanziamento della corruzione attraverso le criptovalute. Innanzitutto, è necessario lavorare su una regolamentazione uniforme a livello internazionale, in grado di favorire il coordinamento tra le autorità di diversi Paesi e prevenire il sorgere di falle e vulnerabilità.

Inoltre, è importante incentivare lo sviluppo di tecnologie blockchain sempre più sicure e trasparenti, in grado di aumentare i livelli di presidio.

1. Regolamentazione internazionale: è fondamentale sviluppare una regolamentazione internazionale unificata per le criptovalute al fine di garantire una normativa chiara e coerente. Questa regolamentazione dovrebbe definire i requisiti di identificazione degli utenti, i controlli sulle transazioni e le responsabilità delle piattaforme di scambio. Una normativa uniforme favorirebbe la trasparenza e renderebbe più difficile l'utilizzo delle criptovalute per scopi illeciti.
2. Cooperazione internazionale: le autorità di diversi paesi devono cooperare attivamente per contrastare il finanziamento della corruzione attraverso le criptovalute. La condivisione di informazioni, l'adozione di meccanismi di scambio di dati più efficienti e la collaborazione nelle indagini sono essenziali per individuare e perseguire i responsabili di attività illecite.
3. Tecnologie di tracciabilità: è necessario promuovere lo sviluppo di tecnologie avanzate per la tracciabilità delle transazioni con criptovalute. Questo potrebbe includere l'utilizzo di blockchain con funzionalità

di identificazione degli utenti, tracciamento delle transazioni e monitoraggio delle attività sospette. L'implementazione di tali tecnologie consentirebbe alle autorità di individuare in modo più preciso le transazioni illecite e di agire tempestivamente per prevenirle.

4. Rafforzamento dei requisiti di identificazione: le piattaforme di scambio di criptovalute dovrebbero applicare requisiti di identificazione più rigorosi per gli utenti. Questi requisiti dovrebbero richiedere informazioni complete sull'identità, l'indirizzo e la provenienza dei fondi. Inoltre, dovrebbero essere imposti limiti sulle transazioni al fine di prevenire movimenti di denaro sospetti e riciclaggio di fondi illeciti.

5. Sensibilizzazione e formazione: è essenziale sensibilizzare sia gli utenti che gli operatori del settore sulle implicazioni etiche e legali dell'utilizzo delle criptovalute. Le campagne di sensibilizzazione e la formazione specifica sulle *best practices* per la prevenzione del finanziamento della corruzione possono contribuire a ridurre il rischio di abusi e comportamenti illegali nel contesto delle criptovalute.

6. Cooperazione con il settore privato: le autorità devono collaborare strettamente con il settore privato, inclusi fornitori di servizi finanziari e piattaforme di scambio di criptovalute, al fine di individuare e mitigare i rischi associati al finanziamento della corruzione. La condivisione di informazioni e l'adozione di pratiche di due diligence più rigorose possono contribuire a prevenire l'utilizzo improprio delle criptovalute da parte di soggetti corrotti.

Questi sei punti rappresentano proposte concrete per migliorare le contromisure attualmente adottate e prevenire il finanziamento della corruzione attraverso le criptovalute.

Nonostante le contromisure adottate dalle autorità italiane ed internazionali per contrastare il finanziamento della corruzione attraverso le criptovalute, esistono ancora alcune debolezze che potrebbero essere sfruttate dai criminali. In questo capitolo, verranno proposte alcune soluzioni per migliorare le contromisure esistenti.

Una delle principali proposte riguarda l'implementazione di un sistema di sorveglianza più efficace sulle transazioni che coinvolgono criptovalute. Attualmente, molte di queste transazioni sono anonime, il che rende difficile per le autorità monitorare e tracciare gli eventuali movimenti di denaro sospetti. Per questo motivo, è necessario adottare nuove tecnologie che permettano di identificare le parti coinvolte in una transazione, così come il loro scopo. Una soluzione potrebbe essere quella di utilizzare tecnologie blockchain che, sebbene siano spesso associate a transazioni anonime, possono anche fornire un alto grado di trasparenza. Questo sistema potrebbe essere utilizzato anche per tracciare le transazioni transfrontaliere che spesso vengono utilizzate dai criminali per nascondere il denaro.

Un'altra proposta riguarda l'implementazione di un sistema di identificazione più efficace per gli utenti delle piattaforme di criptovalute. Attualmente, molte di queste piattaforme richiedono solo un'identificazione minima per permettere agli utenti di effettuare transazioni, il che rende difficile per le autorità identificare gli eventuali criminali. Le piattaforme di criptovalute dovrebbero richiedere informazioni più dettagliate sui propri utenti, come ad esempio l'identità, l'indirizzo e la provenienza dei fondi.

Infine, è necessario aumentare la cooperazione internazionale per prevenire e contrastare il finanziamento della corruzione attraverso le criptovalute. È necessario che le autorità di tutto il mondo collaborino per identificare e perseguire i criminali che utilizzano le criptovalute per il loro scopo illecito. Inoltre, è importante che le autorità cooperino anche con le piattaforme di criptovalute per individuare eventuali attività sospette e prevenire il loro utilizzo improprio.

In conclusione, il tema del finanziamento della corruzione attraverso le criptovalute è un fenomeno sempre più diffuso e preoccupante. Le autorità italiane ed internazionali hanno adottato alcune contromisure per contrastare questo fenomeno, ma è necessario continuare a lavorare per migliorare tali contromisure e prevenire ulteriori utilizzi impropri delle criptovalute. Solo attraverso una cooperazione internazionale e l'adozione di nuove tecnologie, si potrà contrastare efficacemente questo fenomeno e garantire la legalità e la trasparenza delle transazioni finanziarie a livello globale.

Le proposte per migliorare le contromisure adottate, alcune possibili soluzioni potrebbero essere:

• L'implementazione di standard internazionali in materia di regolamentazione delle criptovalute, che rendano più chiare le normative e favoriscano una maggiore trasparenza.
• La creazione di un'unità investigativa internazionale specializzata nella lotta al riciclaggio di denaro attraverso le criptovalute.

Capitolo 6
CRIPTOVALUTE E SOSTENIBILITÀ
(a cura di Alessandro Micocci)

Tralasciando l'aspetto ambientale legato inevitabilmente all'enorme consumo di risorse energetiche necessarie per creare e mantenere il sistema delle criptovalute e di cui non tratteremo in questa opera, è importante in questa fase ricordare l'altra tematica di sostenibilità legata a doppio filo con la valuta digitale: l'etica.

Si è compreso nei capitoli precedenti come le criptovalute vengano utilizzate per quella mancanza di centralità tipica delle valute tradizionali, per quella mancanza di controlli che giocoforza nascono dalla gestione centralizzata delle Banche Centrali (BCE, Fed, ecc). Quel controllo che nasce e si sviluppa all'interno della funzione di garanzia che le Istituzioni tengono a vantaggio di tutti. Un controllo che, al tempo stesso, è mal visto da chi le transazioni le vorrebbe mantenere anonime, nascondendo così quel trasferimento di valore legato, gioco forza, a trasferimenti illeciti o, nelle migliori ipotesi, per nascondere al fisco una creazione di valore che comporterebbe il sorgere di un debito tributario.

Questo meccanismo pone quindi il tema dell'eticità e dell'equità. Se il primo concetto è legato alla regolarità delle transazioni, il secondo è invece legato alla possibilità, per tutti, di accedere alle stesse tecnologie e, pertanto, di poter competere con le stesse possibilità. Tramite le criptovalute e soprattutto un fisco che non riesce a intercettare le transazioni che tramite loro vengono effettuate, significa non permettere a tutti di ricevere gli stessi servizi. Si viene quindi a creare una disparità di trattamento e una riallocazione non equa delle risorse. Di recente, ad esempio, presso le Dogane è stata ricevuta una bolla di accompagnamento in criptovalute proveniente dall'Equador, paese che ha istituito come moneta legale le criptovalute. È questo un chiaro esempio di come sarà sempre più necessario trovare il giusto metodo per gestire le nuove valute digitali all'interno delle relazioni commerciali internazionali.

Altre motivazioni potrebbero nascere anche da un eventuale sfiducia nel sistema finanziario nazionale e quindi alla necessità di ricercare un sistema più sicuro e non legato all'andamento dell'economia nazionale. È ad esempio il caso dell'Ucraina o della Russia dove, a causa del conflitto in corso, l'utilizzo delle criptovalute si è molto sviluppato nell'ultimo periodo. Simili discorsi potrebbero valere per i Paesi in via si sviluppo, le cui economie possono trovarsi facilmente esposte a shock economici e pertanto le criptovalute rappresenterebbero un bene rifugio sicuro.

Questi ricorsi, sicuramente vantaggiosi per i singoli comportano però un rischio per il Paese nel momento in cui, per fronteggiare l'uso indiscriminato delle criptovalute, costringono le Istituzioni finanziarie a prendere decisioni che potrebbero portare a instabilità finanziaria. Con riferimento al 2022, tra i paesi che avevano optato per un divieto delle criptovalute, vi erano Stati come Algeria, Iraq, Marocco e Tunisia, mentre per una limitazione per terrorismo e riciclaggio vi erano invece Paesi meno instabili come Romania, Grecia o Filippine.

Diversamente, El Salvator aveva invece dato al Bitcoin valore legale già dal 2021, anche se non si hanno ancora dati precisi per capirne il reale impatto sull'economia.

Che sia necessaria una regolamentazione, se possibile sovranazionale, diventa pertanto sempre più chiaro agli addetti ai lavori. Al tempo stesso, la caratteristica di essere slegata da un Ente istituzionale, rende difficoltosa la predisposizione di una normativa specifica, soprattutto se a muoversi in tal senso sono solamente alcuni Stati e, perdipiù, senza un coordinamento univoco.

È importante agire velocemente per una normativa ad hoc sull'argomento in quanto *"una rapida e ampia diffusione di questi strumenti potrebbe compromettere la stabilità del sistema finanziario a causa dell'interdipendenza dei soggetti che vi partecipano, regolamentati e non, nonché della mancanza di controlli e strumenti che possono limitare gli effetti di eventi sfavorevoli"*[30].

Non a caso, tra le proposte di Unctad, vi sono meccanismi per rendere l'accesso alle criptovalute più difficoltoso (oltre a ridurre la pubblicità e quindi ridurre la loro conoscenza da parte della massa di consumatori), vietarle tra i prodotti offerti dalle Istituzioni finanziarie ed

---

[30] Comunicazione della Banca d'Italia in materia di tecnologie decentralizzate nella finanza e cripto-attività, Banca D'Italia, giugno 2022.

infine, una regolamentazione sulle transazioni (dove possibile). Inoltre, creare un sistema pubblico di criptovaluta, con caratteristiche similari, così da ridurre il ricorso a sistemi privati, a vantaggio di sistemi pubblici e con più garanzie.

Che il tema sia particolarmente sentito anche dalle Istituzioni è provato dai numerosi interventi avvenuti in seno alla Banca D'Italia nel corso del mese di novembre 2022 ai quali hanno partecipato rappresentanti Istituzionali e delle Imprese che operano nei mercati finanziari e informatici. A valle di tali incontri, è emerso come l'innovazione a cui stiamo assistendo *"non è esente da pericoli, in particolare quelli relativi agli investimenti in criptoattività, su cui abbiamo più volte sensibilizzato i consumatori. Al fine di una corretta percezione dei rischi connessi con il ricorso a questi prodotti, bisogna considerare tre livelli: quello tecnologico (la DLT), quello degli strumenti (ad esempio, ma ovviamente non solo, le criptoattività), quello delle infrastrutture (quali le piattaforme su cui questi strumenti sono scambiati e che consentono il regolamento delle operazioni). Da ultimo, lo scorso giugno, con una Comunicazione dedicata a questi temi, abbiamo messo in guardia sui rischi connessi in particolare con il ricorso a criptoattività non emesse a fronte di attività reali o finanziarie e che quindi risultano prive di valore intrinseco; tali rischi sono amplificati dalla circostanza che, ad oggi, a nessuna criptoattività sono abbinate forme di tutela"*[31].

Come per l'impatto ambientale per il quale le criptovalute si sono in parte autoregolate trovando sistemi sempre meno impattanti, anche per il lato economico si è assistito, in parte, ad una autoregolamentazione. Infatti, all'aumentare dell'utilizzo della valuta digitale come mezzo di scambio, le singole criptovalute hanno lentamente predisposto sistemi per prevenire il loro utilizzo per sostenere traffici illeciti, seppur mantenendo un sistema di governance decentralizzato.

6.1. Regolamentazione europea

Dopo una prima pubblicazione nel 2020, a livello europeo, nel corso

---

[31] Intervento di chiusura, Banca D'Italia, Salone dei pagamenti, Milano 25 novembre 2022.

del 2022, la Commissione per i problemi economici e monetari del Parlamento Europeo (ECON), ha approvato una propria proposta di Regolamento MiCA (Market in Crypto Assets). Tale proposta punta a regolamentare le criptovalute, facendole rientrare nella tassonomia europea della sostenibilità. In questo modo, si proverebbe ad omogeneizzare a livello comunitario la tematica delle valute digitali, superando le prime normative nazionali di alcuni Stati membri.

Attraverso il rispetto della tassonomia, le attività delle criptovalute verrebbero rese sostenibili (nelle intenzioni comunitarie), a partire dal 2025, almeno per quanto riguarda la sostenibilità ambientale, rispettando in questo modo la tematica Ambiente dei fattori Environmental, Social, Governance (ESG), coerentemente con il Green Deal europeo 2030 per tutte le attività di finanza sostenibile.

Una proposta in parte ridimensionata rispetto alle iniziali idee che puntavano a vietare, a livello comunitario, tutte quelle attività che non rispettavano, nella totalità, i fattori ESG. Non è detto che, essendo la normativa in fase di discussione, non si opti successivamente per tale prospettiva, che, oltre al lato ambientale, terrebbe conto delle problematiche sociali e di governance già trattate nei capitoli precedenti.

Interessante sarà anche conoscere la proposta che farà l'ESMA (l'autorità europea degli strumenti finanziari e dei mercati) che di concerto con la Commissione Europea, sta provvedendo a stilare un regolamento che tratti le informazioni relative agli impatti su ambiente e clima, lasciando alla stessa Commissione la decisione di elaborare proposte di normativa che miri a tutelare i consumatori ed il mercato in merito alle attività criminali che, nell'ampio mondo delle valute digitali, trovano meccanismi perfetti per mantenere anonimi i propri traffici illeciti.

Capitolo 7
CONCLUSIONI
(a cura di Barbara De Propis)

La connessione tra criptovalute e corruzione rappresenta una sfida significativa per la società contemporanea. Dalle nostre analisi, emergono alcune considerazioni chiave che evidenziano l'importanza di affrontare questo problema in modo collaborativo e multidimensionale.

Prima di tutto, è fondamentale il coinvolgimento attivo dei governi, delle istituzioni finanziarie e degli attori del settore. La cooperazione tra questi attori è essenziale per sviluppare normative e regolamenti efficaci che limitino l'uso delle criptovalute per scopi illeciti. La creazione di task force specializzate, che abbiano il compito di investigare e contrastare la corruzione finanziata dalle criptovalute, può contribuire a un approccio più efficace nella prevenzione e nella punizione di tali attività illecite.

Inoltre, è necessario investire nello sviluppo di soluzioni tecnologiche avanzate per il monitoraggio e la tracciabilità delle transazioni in crikptovalute. L'utilizzo di tecnologie come la blockchain può fornire un meccanismo sicuro per registrare e verificare le transazioni, consentendo una maggiore trasparenza nel settore delle criptovalute. Il miglioramento delle capacità di analisi dei dati e l'impiego di algoritmi intelligenti possono aiutare a individuare schemi sospetti e attività illecite in modo più rapido ed efficiente.

Parallelamente, è fondamentale investire nella formazione e nella sensibilizzazione dei cittadini sull'uso responsabile delle criptovalute e sui rischi associati al coinvolgimento in attività illecite. Educare le persone sull'importanza di condurre una due diligence adeguata prima di investire in criptovalute e sulla necessità di evitare transazioni sospette può contribuire a ridurre le possibilità di coinvolgimento in frodi finanziarie.

La lotta contro la corruzione finanziata dalle criptovalute richiede un approccio globale e multidimensionale. Attraverso l'adozione di normative e regolamenti efficaci, lo sviluppo di soluzioni tecnologiche avanzate, la sensibilizzazione dei cittadini e la cooperazione internazionale, possiamo fare progressi significativi nel contrastare questo problema e preservare l'integrità del sistema finanziario. Solo attraverso un impegno comune possiamo costruire un futuro in cui le criptovalute siano utilizzate in modo responsabile e sostenibile, a beneficio di tutti.

Il contrasto al finanziamento della corruzione attraverso le criptovalute richiede una combinazione di misure regolamentari, tecniche e di sensibilizzazione. Solo attraverso un impegno congiunto sarà possibile mitigare l'impatto negativo che la corruzione finanziata dalle criptovalute può avere sulla società e sull'integrità del sistema finanziario. L'obiettivo finale è quello di promuovere un utilizzo responsabile delle criptovalute e di garantire la trasparenza e l'integrità dei mercati finanziari, contribuendo così alla costruzione di un futuro più sicuro e affidabile per tutti i partecipanti.

Infine, è importante promuovere la cooperazione internazionale per affrontare il problema della corruzione finanziata dalle criptovalute. Poiché le criptovalute sono un fenomeno globale che attraversa i confini nazionali, gli sforzi congiunti tra i paesi sono fondamentali per prevenire l'uso delle criptovalute per scopi illeciti. La condivisione delle migliori pratiche, lo scambio di informazioni e la collaborazione nelle indagini possono contribuire a contrastare efficacemente la corruzione finanziata dalle criptovalute a livello internazionale.

BIBLIOGRAFIA

1. Comunicazione della Banca d'Italia in materia di tecnologie decentralizzate nella finanza e criptoattività, Banca D'Italia, giugno 2022.

2. Comunicazione della Banca d'Italia in materia di tecnologie decentralizzate nella finanza e criptoattività, Banca D'Italia, giugno 2022.

3. Nakamoto, S. (2008). Bitcoin: A Peer-to-Peer Electronic Cash System. Disponibile su: https://bitcoin.org/bitcoin.pdf

4. Antonopoulos, A. M. (2014). Mastering Bitcoin: Unlocking Digital Cryptocurrencies. O'Reilly Media

5. Androulaki, E., Barger, A., Bortnikov, V., Cachin, C., Christidis, K., De Caro, A., ... & Maniatis, P. (2018). Hyperledger fabric: a distributed operating system for permissioned blockchains. In Proceedings of the Thirteenth EuroSys Conference (pp. 30:1-30:15). ACM

6. Stiglitz, J. E. (2018). "Why cryptocurrencies are not going to fulfill their libertarian promise". Project Syndicate. Disponibile su: https://www.project-syndicate.org/commentary/cryptocurrencies-bitcoin-blockchain-need-regulation-by-joseph-e-stiglitz-2018-03

7. Kaufmann, D., & Vicente, P. C. (2011). Legal corruption. Economics & Politics, 23(2), 195-219

8. Lambsdorff, J. G., & Schulze, G. G. (2012). Corruption and the shadow economy: An empirical analysis. Public Choice, 152(3-4), 471-493

9. Graycar, A., & Prenzler, T. (Eds.). (2014). Understanding and preventing corruption. Macmillan International Higher Education

10. United Nations Office on Drugs and Crime (UNODC). (2017). Cryptocurrencies and Money Laundering. Disponibile su: https://www.unodc.org/documents/cybercrime/Publications/2018/Cryptocurrencies_and_Money_Laundering.pdf

11. Russo, F., & Cavenago, D. (2021). Cryptocurrency and Anti-Money Laundering Regulations: A Comparative Analysis. In International Anti-Corruption Law and Practice (pp. 61-82). Springer

12. Lormand, E., & Ritter, J. (2019). Cryptocurrencies and Criminal Abuse: Is Regulating Bitcoin's Underworld a Lost Cause?. In Criptoassets and Blockchain Technology (pp. 111-130). Springer

13. Chiu, M., Koeppl, T., & Shcherbakov, O. (2019). Crypto-anchors: Verifying blockchain data via cryptographic methods. Journal of Monetary Economics, 108, 79-90

14. Financial Action Task Force (FATF). (2021). Virtual Assets Red Flag Indicators of Money Laundering and Terrorist Financing. Disponibile su: https://www.fatf-gafi.org/media/fatf/documents/recommendations/High-Risk-Virtual-Assets-Red-Flag-Indicators.pdf

15. Council of the EU Press Release 321/23 16/05/202

16. Valerio Lemma, Counsel, Dentons, Approfondimenti "DLT pilot: verso il mercato degli strumenti finanziari digitali. Note a margine del d.l. 17 marzo 2023, n. 25, e del Regolamento (UE) 2022/858, Maggio 2023, (https://www.dirittobancario.it/art/dlt-pilot-verso-il-mercato-degli-strumenti-finanziari-digitali/)

17. Journal of Money Laundering Control (JMLC), (Volume 2018) ISSN: 1368-5201 eISSN: 1368-520, (https://www.emeraldgroup

publishing.com/journal/jmlc)

18. Razzante R., Bitcoin e criptovalute. Profili fiscali, giuridici e finanziari, 15 settembre 2018

19. Razzante R., Manuale di legislazione e prassi dell'antiriciclaggio, Giappichelli, 2023

20. Razzante R., Riciclaggio e reati connessi, Giuffrè, 2023

21. Europol Spotlight Cryptocurrencies: Tracing the evolution of Criminal Finances, 2022

22. La confisca di bitcoin in Italia e l'indagine della SEC contro Ripple Labs

23. FBI. (2022). Rapporto sull'Internet Crime del 2022

24. Smith, J. (2020). Cryptocurrency Fraud: A Comprehensive Analysis of Fraudulent Schemes Involving Cryptocurrencies. International Journal of Cyber Criminology, 14(1), 26-42

25. SEC. (n.d.). Investor Bulletin: Initial Coin Offerings. U.S. Securities and Exchange Commission. Retrieved from [link]

26. FinCEN. (2021). Guidance on Application of FinCEN's Regulations to Certain Business Models Involving Convertible Virtual Currencies. Financial Crimes Enforcement Network.

27. European Commission. (2018). Proposal for a Regulation on Markets in Crypto-assets (MiCA). European Commission

28. Europol. (2020). Internet Organised Crime Threat Assessment (IOCTA) 2020. European Union Agency for Law Enforcement Cooperation.

29. U.S. CFTC. (n.d.). Virtual Currency Resource Center. U.S. Commodity Futures Trading Commission.

30. FCA. (2020). Consumer Warning on the Risks of Initial Coin Offerings and Cryptocurrency Investments. Financial Conduct Authority

31. Prof. Emiliano di Carlo, Università degli Studi di Tor vergata: "Interesse primario dell'azienda come principio-guida e bene comune" e "Il conflitto di interessi nelle aziende" - link:(https://sites.google.com/site/dicarloe/bene-comune)

32. Institute for Security and Technology. (2021). Cryptocurrency and Illicit Finance: Advancing the Regulatory Response. Retrieved from https://securityandtechnology.org/wp-content/uploads/2021/06/Cryptocurrency-and-Illicit-Finance-Advancing-the-Regulatory-Response.pdf

33. Intervento di chiusura, Banca D'Italia, Salone dei pagamenti, Milano 25 novembre 2022

34. Di Carlo, E. (2022). Blockchain technology: An innovative solution to prevent and detect corruption. In 9th International Conference on New Challenges in Management and Business (pp. 121-126). Retrieved from https://www.researchgate.net/publication/362194150_Blockchain_technology_An_innovative_solution_to_prevent_and_detect_corruption

35. Financial Action Task Force. (2019). Virtual Assets and Virtual Asset Service Providers. Retrieved from https://www.fatf-gafi.org/publications/fatfrecommendations/documents/virtual-assets-fatf-report.html

36. International Monetary Fund. (2020). Anti-Money Laundering and Combating the Financing of Terrorism. Retrieved from https://www.imf.org/external/pubs/ft/sdn/2020/sdn2006.pdf

37. United Nations Office on Drugs and Crime. (2021). Cryptocurrencies and Anti-Money Laundering Measures. Retrieved from https://www.unodc.org/documents/treaties/organized_crime/Cryptocurrencies_and_anti-money_laundering_measures.pdf

38. World Economic Forum. (2021). Mitigating Risks in the Era of Decentralized Finance: A Study Paper. Retrieved from https://www.weforum.org/whitepapers/mitigating-risks-in-the-era-of-decentralized-finance

39. Razzante R., Le prime considerazioni sul reato di autoriciclaggio, in Rivista231.it, dicembre 2014

40. Razzante R. L'autoriciclaggio e i rapporti con i reati presupposto, in Rivista231.it, n. 4, ottobre-dicembre, 2014, 19-26.

41. Razzante R., Tracciabilità e riciclaggio: binomio indissolubile tra gli artt. 648 bis e ter c.p. e la recente entrata in vigore del delitto di autoriciclaggio, nota a Cass. pen., Sez. II, 22 ottobre 2014, n. 43881, in Arch. pen., n. 3, 2014

42. Razzante R., Bitcoin: tra diritto e legislazione, in Notariato, Bimestrale n. 4/2018

www.ingramcontent.com/pod-product-compliance
Lightning Source LLC
LaVergne TN
LVHW041345200726
843509LV00009B/858